14歳からのライフ・レッスン

# 善悪ってなに？ 働くってどんなこと？

小浜逸郎

草思社

# 善悪ってなに？　働くってどんなこと？　もくじ

## ―登場人物―

**先生**　この本の主人公。42歳。10歳と8歳の二児の父。倫理学を学び、大学で教鞭《きょうべん》を執《と》るかたわら、本なども書いている。今年から中学校での実験科目として組みこまれた「倫理《りんり》」の授業を担当するために、臨時教員として派遣《はけん》された。やせていて目つきが鋭く、ちょっと怖そうな風貌《ふうぼう》だが、つきあってみると意外と気さく。

## 生徒たち（中学3年生）

**徹**《とおる》　ものごとを理屈っぽく考える性格。成績優秀。孤独を好むがリーダー的素質もある。得意科目は数学。

**智子**《さとこ》　まじめで成績優秀。自分の生き方をいっしょうけんめい模《も》索《さく》中。内向的なところもあるが、友だちづきあいは良好。得意科目は国語。

**亮太**《りょうた》　ワルぶるところがあるが、率直な性格。スポーツが得意で明るい人気者。けっこう正義感があり、世の中を鋭く見ている。

**沙織**《さおり》　ドライでしっかり者。ものごとをてきぱきと判断するのを好む。一種の「あねご」肌か。

**康介**《こうすけ》　常識的中学生。あまり積極的なチャレンジ精神はないが、かわりにふつうの良識をよく備えている。

**亜弥**《あや》　「愛」に生きることに賭《か》けているチャーミングな女の子。毎日シャトレーゼのケーキを最低一つは食べる。

# 善悪ってなに？

# 働くってどんなこと？

## 第1回目

# 「倫理《りんり》」ってなんだろう？

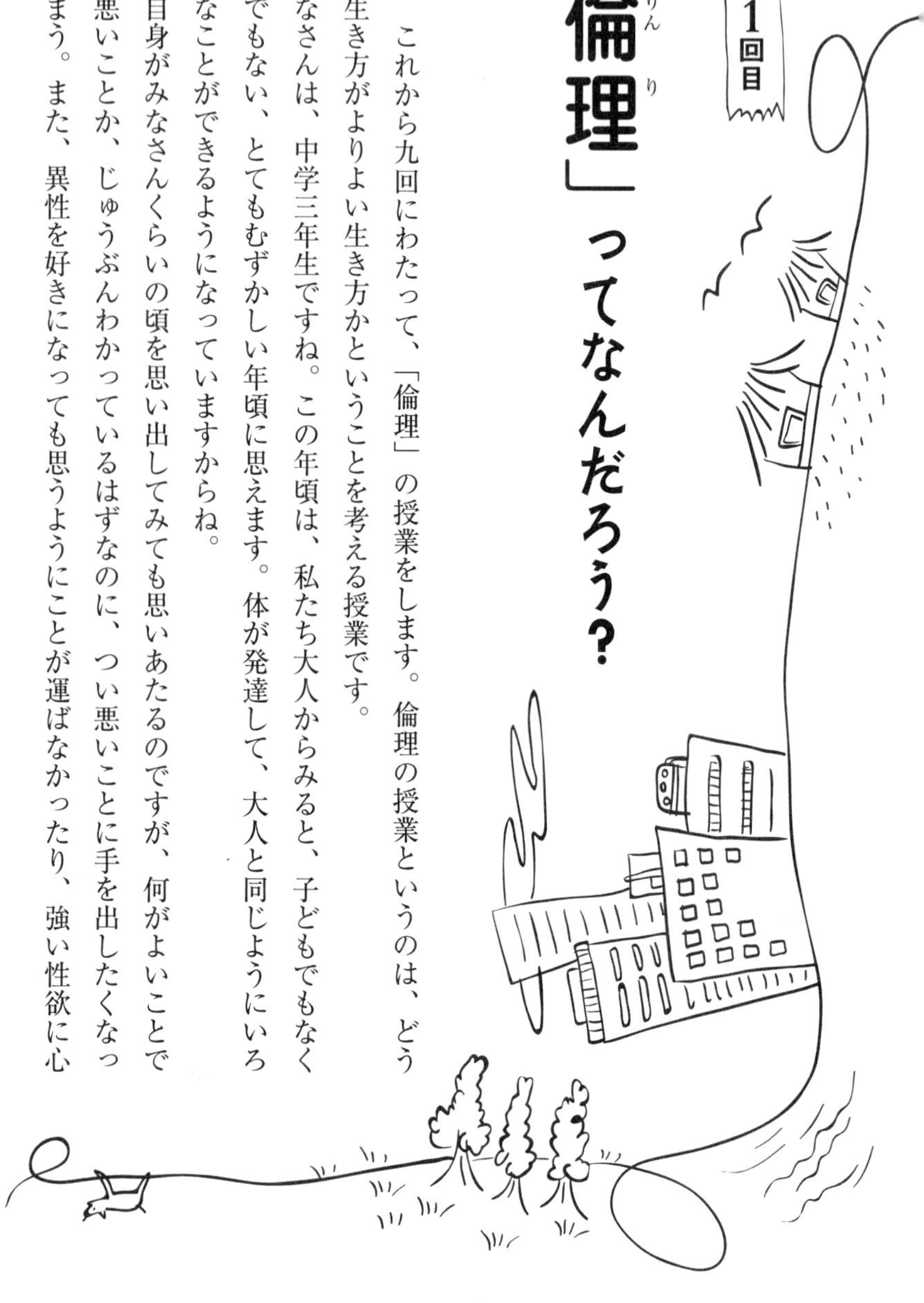

**先生**　これから九回にわたって、「倫理」の授業をします。倫理の授業というのは、どういう生き方がよりよい生き方かということを考える授業です。

　みなさんは、中学三年生ですね。この年頃は、私たち大人からみると、子どもでもなく大人でもない、とてもむずかしい年頃に思えます。体が発達して、大人と同じようにいろいろなことができるようになっていますからね。

　私自身がみなさんくらいの頃を思い出してみても思いあたるのですが、何がよいことで何が悪いことか、じゅうぶんわかっているはずなのに、つい悪いことに手を出したくなってしまう。また、異性を好きになっても思うようにことが運ばなかったり、強い性欲に心を揺《ゆ》さぶられたりします。さらに、親や教師の言うことにそのまま従いたくないという自立心が急速に育ってきます。

いっぽうで、周囲が簡単《かんたん》には一人前と認めてくれないので、一人前になるにはどうしたらよいのかという不安を抱《かか》える人も多いでしょう。将来、どんな仕事についてどんな生き方をしたらよいのかと悩《なや》みはじめる年頃でもあると思います。

なかには、自分はどうしてこの世に生まれてきたのか、いつか死んでしまうのに、生きる意味などあるのか、といったことについて考えこんでしまう人もいますね。

また、友だち関係がうまくいかなくて、神経をすり減らし、学校に通うのがいやになってしまう人もとても多いようです。

私の授業は、これらの問題すべてにうまく答えることを目指《めざ》したものではありません。ただ、**大人たちがつくっている世の中のからくりはどうなっているのか、なぜそうなっているのか**を説明して、これらの問題にたいして、**自分で考えるためのヒントをみなさんに提供しよう**というものです。

世の中のからくりといっても、みなさんにとって関心がありそうな、ごく基本的なことに限ります。それで、次のような見通しを立てておきます。

授業の全体は、大きく四つの柱に分かれます。

一つは、「よい」とか「悪い」とか言われている物事《ものごと》には、どんな意味があるのか。これは、この授業全体の軸《じく》になるとても重要な部分なので、二回目から四回目まで、三回分の時間をあてようと思います。

二番目は、人を愛するとか嫌《きら》いになるという問題、人間関係はどんなしくみになっているのかという問題を扱います。これには、五回目と六回目の二回をあてて話すつもりです。

三番目に、社会人となって働くことにはどんな意味があるのかについて説明します。これは、七回目にやろうと思っています。

最後に、社会のルール、つまり「法」に関する話を二回にわたってしたいと思います。みなさんは、これから家族の囲《かこ》いからだんだん抜けだして、もっと広い社会集団の住人になっていくわけですね。だから、国の決まりがどうなっているのか、またそれらの決まりがみなさんの生活に直接どのように作用してくるのか、だいたいのところを知っておく必要があります。

そういうわけで、この倫理の授業の四つの柱を簡単にまとめると、**善悪**、**愛**、**労働**、**法**ということになります。これらについてみなさんがいま、きちんと考えておくことは、これからの長い人生を生きていくにあたって、必ずよい効果をもたらすはずだと私は信じています。

はじめに、一つだけ前置きをしておきます。

私の話は、ひとの生き方にかかわる疑問について、個人的な考えを述べたものですから、数学の問題のように、正解が一つというものではありません。話を聞いているうちに、それはおかしいとか、いまのは理屈《りくつ》がよくわからなかったということが出てくるでしょう。そのときには、話を途中でさえぎってもかまいませんから、即座《そくざ》に疑問や質問をぶつけなさい。私はそれにできるだけ答えるようにします。こんなことを聞いたら笑われるだろうとか、ちょっとちがうような気がするが、先生があぁ言っているのだからまあ黙《だま》って聞いておこう、といった遠慮《えんりょ》は禁物《きんもつ》です。

疑問や意見のちがいを感じてもそのままやり過ごしてしまうのは、日本人の悪い癖《くせ》です。これを続けていると、結局、あのとき発言しておけばよかったのに何でしなかったんだろうと後悔することになります。私も若い頃、そういう後悔を何度も重ねてきました。「聞くはいっときの恥《はじ》、聞かぬは一生の恥」ということわざがありますね。

**亮太**　オレたち同士で話しあいとかしてもいいんすか。

**先生**　あんまり脱線《だっせん》しなければかまわないよ。適当なところでストップをかけるかもしれません。そうしたら従ってください。

## 「倫理」と「道徳」はどうちがうの？

**先生**　それでは、第一回目の話に入ります。

第一回目は、全体の話のイメージを何となくつかんでもらうために、「倫理」という言葉の意味について説明します。ちょっと退屈《たいくつ》な話になりますが、我慢《がまん》してください。

みなさんは「倫理」という言葉を聞いたことがありますか。あまりないかもしれませんね。でも「道徳」なら学校の授業でやっていますよね。「倫理」という言葉は、「道徳」とだいたい同じ意味で使われます。けれどちがう点もあります。私はちがう点のほうを強調しておきたいと思います。

では「倫理」と「道徳」とはどこがちがうか。

倫理という言葉のほうが、道徳よりも大きな意味を含《ふく》んでいます。数学に不等式《ふとうしき》というのがあります。3と5では5のほうが大きいので、そのことをあらわすのに3＜5と書きます。これと同じように道徳と倫理の関係をあらわすと、「道徳＜倫理」です。

みなさんは、小さいときから、「人のものを盗んではいけない」とか、「人を傷つけたり殺したりしてはいけない」というふうに教えられてきましたね。こういうふうに「何々してはいけない」という教えを「道徳」と呼びます。

**徹**　先生、それって「法律」じゃないんですか？

**先生**　お、早くも質問だね。

そう、法律と道徳もたしかに重なりますね。でも、法律は、文章に書かれている決まりです。ですから外側に出ていて、だれでもいつでもどうなっているかを確認できます。そして、これを破るとたいてい罰《ばつ》を受けたり、お金を払わせられたりします。懲役《ちょうえき》何年とか、損害賠償《そんがいばいしょう》をいくら払えとか。

でも、道徳はどこにもはっきりとは書かれていません。みんなが心の中で何となく共通のものとして守っているだけなのです。道徳は心と心の暗黙《あんもく》の了解《りょうかい》にもとづいているだけですから、破ったからといって、罰を受けたり賠償金を払ったりするとはかぎりません。たとえば「友だちとの約束は守らなければいけない」という道徳を破ったら、その友だちからひんしゅくを買うかもしれませんが、よほどのことがないかぎり法律で罰せられるということはないでしょう。

ところでいまの質問は、道徳についての私の説明の不十分さに気づかせてくれたので、もう少し別の角度から、道徳という言葉の意味をはっきりさせましょう。

道徳は、「してはいけない」というかたちだけではなく、「何々しなさい」とか、「何々するべきだ」とか、「何々するのがよい」というかたちをとることもあります。「お年寄りには親切にしなさい」とか、「自分のことは自分ですべきだ」とか、「知っている人に会ったら挨拶《あいさつ》するのがよい」というように。

こういうかたちをとる場合、そうしなかったからといって、罰せられるわけではありません。ただ、そういう態度を積極的にとれば、まわりがほめてくれます。逆に、そういう態度に反する態度ばかりとっていると、人から白い眼で見られます。そして、やがて見向きもされなくなります。でも、このたぐいのことは、法律には書かれていません。

つまり、心の約束である道徳のうちから、人に害を及ぼすことを取り締まるための決まりや、争いにならないように調整するための決まりだけを取りだしたものが「法律」です。だから、先ほどの不等式でいえば、「法律∧道徳」となります。全部つなげると、「法律∧道徳∧倫理」です。

さて、「倫理」と「道徳」のちがいの話に戻ります。

倫理という言葉の「倫」という漢字のもともとの意味を、漢和辞典でひいてみましょう。すると、たいてい次のように書いてあります。

たぐい（類）。ともがら。人と人の間の関係。秩序。順序。

それから、倫理の「理」のほうは、「ことわり」「すじみち」「法則」というような意味ですね。

つまり、こういうことです。倫理というのは、人と人が順々につながって世の中をつくっているときに、そのつながりをまとめるためのいちばん根っこにある法則のようなもの、ということになります。

そんなものがはっきりとあるのでしょうか。あるとも言えるし、ないとも言えます。あいまいな言い方ですね。いったいどういうことでしょう。

ここに机《つくえ》がありますね。この机を見ている人で、そんなものはないと言う人はいないでしょう。でも、人が使っている言葉のなかには、あるとも言えるし、ないとも言えるようなものがたくさんあります。たとえば、「自然」とか「空間」とか「心」といった言葉です。

こういう言葉は、そのものをだれも見たことがないし、触《ふ》れたこともないのですね。山や川や海やそこに棲《す》む生物をまとめて「自然」といいますが、では自然そのものを見たことがあるかと聞かれたら、答えられなくなるでしょう。

「空間」はここにあるに決まっているじゃないかと、みなさんは自分のまわりを指し示すかもしれません。しかし、指し示せるのは机とか椅子《いす》とか人の体とかその間にある空気などの個々のものと、その位置関係だけです。空間それ自体はだれも見たり触れたりできません。

「心」も同じですね。みなさんの一人ひとりが自分の心を実感できるとしても、ではおまえの心をこの机の上に取りだして見せろといわれると、困《こま》ってしまうでしょう。

「倫理」もこれと同じように、あるとも言えるし、ないとも言えます。見ることもできなければ、触れることもできません。しかし、じつは、こういうたぐいの言葉は、それぞれが独特のしかたで「ある」と言えるのです。

では「倫理」はどういうしかたで「ある」のか。それはこういうことです。

みなさんは、一人だけでこの世に存在しているのではありませんね。生まれて何年かたって、気づいてみたら親、兄弟、親戚《しんせき》、近所の人、友だち、先生など、いろいろな人にとりまかれて生きていた。その人たちをみなさんは自由に選ぶことはできなかった。

仮《かり》に、その人たちが身のまわりにいることがたまらなくいやだと感じることがあったとしましょう。でも、勝手にそこから逃げ去ってしまうことはまずできない。さらに、その人たちをやすやすと抹殺《まっさつ》してしまうこともできない。

もちろん、心のありようとしては、「こんな人たち、いたっていなくたって関係ない、私は自由だ」と感じることはあるでしょう。でも、みなさんがやっている毎日毎日の小さな行動をよーくかえりみると、次のことに気づくはずです。それらの行動は、まったくの自発的《じはってき》な意志から行なわれることはほとんどなく、むしろ自分をとりまいている人たちとのつながりの上にしか成りたっていないこと。

たとえば、朝起きて、服を着替えて顔を洗って歯を磨《みが》いてご飯を食べて、かったるいけど学校に行く。これは当たり前の行動と思われていますが、こんな行動をみなさんはどうしてやらなくてはならないのか、どうしてやってしまうのか、と疑問に思ったことはありませんか。

顔を洗って歯を磨く、という習慣は、小さい頃、両親から植えつけられたものですね。するとその行動は、あなたの自由な意志から行なわれたものではないことになります。学校に行くのなどは、もっと不自由な感じですよね。勉強なんてそんなにおもしろくないでしょう。友だち関係だって、いいつきあいができる場合もあれば、あいつが同じ教室にいると思うとたまらないと感じる場合だってある。でも、たいていみなさんは、自分で選んだわけではないことを何とかやりおおせてしまう。

そのとき、そのやりおおせてしまう行動は、必ずと言っていいほど、何らかの意味で他のだれかとのかかわりの上に成りたっています。または、直接他人とかかわらずにやったことでも、たいていは、他人に何らかの影響を及ぼしてしまいます。

たとえば、授業がつまらなくて、何となく机に落書きをする。文字でも絵でもいいですが、それを知らないだれかが見ますね。見た人の立場や性格によって、それをけしからんと思ったり、おもしろいことを書くやつがいるものだと思ったり、これはあいつが書いたにちがいないと思ったりする。つまり、人の行動というのは、楽しいことであれ、つらいことであれ、ほとんどが、他人とかかわることを通してしか実現できないのですね。

こんな場合はどうでしょう。

たとえば康介《こうすけ》君が自分の部屋でぽつねんとマンガを読んでいる。キッチンではお母さんが夕食の支度《したく》をしている。お母さんは、康介君が自室《じしつ》にこもっていることを知っていて、そのことを心の片隅《かたすみ》においている。ところが康介君は明日学校に持っていくものが足りないのをふと思い出した。そこで、別にお母さんにことわることもなく自室を出て、文房具屋さんに買い物に出かけた。お母さんはそのことを知らずに「コウくん、ご飯よ」と呼びかけた。返事がないので、康介君の部屋の前まで行って、ノックしながら「ご飯よ」ともう一度呼びかけた。ところが、やはり返事がないのでドアを開けてみる。すると康介君がいないことに気づき、おや、どこに行ったんだろうと不思議《ふしぎ》がる。

この場合、康介君は、部屋を出ていく自分の行動を、まったく自分だけのためのものと理解していて、お母さんのことなど気にしていません。つまり康介君はまったく自由に行動したと思っている。ところが、その行動が、お母さんの思惑《おもわく》ちがいを引き起こしているのですね。

これは別に何でもない思惑ちがいで、康介君が帰ってきて説明すればすんでしまうことです。でもこんなささいな例でも、お母さんにしてみると、いま自分の子どもと一つ屋根のもとに「ともにいる」という感覚的な了解《りょうかい》がうち砕《くだ》かれた経験としてあらわれているわけです。「いる」が「いない」に変化した。それはことによったら、お母さんにとって大きな心の事件として発展してしまうかもしれない。

何が言いたいか、わかりますか。**みなさんが自分にとってだけの自由な行動だと思ってしたことが、この人間の世界では、いいことであれ悪いことであれ、自分にかかわりのある他の人に何らかの波及効果《はきゆうこうか》を及《およ》ぼすことがじつに多い**ということです。つまり、みなさんは、**自分で思っているほど自由ではない**のです。

みなさんがそのことに気づいて、それはどうしてなんだろうと考えはじめたとします。たとえば、特定の人と人とのつながりのなかにしか自分がおかれていないことにはどんな意味があるんだろうとか、このつながりはどうも狭《せま》くて息苦しいなあとか、私の心は遠くまで空想を羽《は》ばたかせることができるのに、体はその心と同じように自由になることはできないのだろうか、というようにね。

すると、そう考えはじめたみなさんの心の動きそのもののなかに、「倫理」が芽生《めば》えてくるのです。もし、そんなことを考えずにただ毎日ぼんやりと過ごしていれば、みなさんは習慣や欲求や道徳に従って行動していることになります。しかし、そこでは「倫理」はみなさんの意識に自覚されていません。

**「倫理」とは、「正しい」とか「よい」とか「やるべきだ」とか信じられていることについて、なぜそう信じられているのか、それはほんとに「正しい」のか、「よい」ことなのか、「よい」とはどういう意味で「よい」のか、などについて、いつも考え直そうとする態度のこと**です。また、「くだらない」とか「醜《みにく》い」とか「不愉快《ふゆかい》だ」と感じられることを、どうしてそう感じられるのかと問い直してみる態度です。だから、そういう態度をとろうとするなら、その態度のうちに倫理が「ある」と言えるのですが、そんな態度を別にとろうとしないなら、「ない」と言えるのです。

ちょっとむずかしくなりましたね。もう一回整理しましょう。

道徳というのは、法律のように明らかに書かれてはいないけれど、心の内側での決まりになっていて、「～してはいけません」とか「～しなさい」とか「～するべきだ」とかいった、文句を言わせない禁止や命令や勧告《かんこく》のかたちをとります。でも倫理というのは、禁止でも命令でも勧告でもありません。どうしてそういう命令などがあるのか、ほんとにその命令に従うとよい生き方ができるのか、幸福になれるのか、といったことを考えつづけようとする営《いとな》みです。

だから、「倫理」の授業をちゃんと受ければ、みなさんの生き方にとってとてもプラスになるはずなのですよ。康介君は早くもこっくりこっくりやっているけどね。

**亮太**　康介、起きろ。大先生の話だぞ。

**康介**　むにゃ。

**先生**　まあ、いいよいいよ。眠い時間帯だものね。

では、倫理の授業を受けるとなぜプラスになるか。

この世の中で生きていると、どうしても解決がつかない壁《かべ》に突きあたります。そのときに、ただ禁止や命令に従う生き方を続けていたのでは、壁をうまく回避《かいひ》したり、乗り越えたりすることは不可能です。なぜそういう禁止や命令があるのか、自分が自然な欲求だと思っていることと、それらの禁止や命令とがどういうからまり具合になっているのかについて、考える訓練《くんれん》を積《つ》んでおく必要があります。

それは、言いかえると、人と人とのつながり方について、またみなさんの前に開けている人生の長さについて、できるだけ広い視野《しや》をもとうとすることなのです。

考える訓練なんか面倒《めんどう》くさいや、という人はそれでいいのですが、将来、損《そん》をすることが多いですよ。

説教くさくなりましたが、今日はイントロなので、私からの話はとりあえずこれだけということにして、残り時間は、質疑応答《しつぎおうとう》にあてましょう。

**智子**　先生は先ほど、「法律∧道徳∧倫理」という不等式を示しましたが、法律と道徳では道徳のほうが大きいというのは何となくわかるんですけど、倫理のほうが道徳より大きいというのがよくわかりませんでした。

**先生**　いい質問ですね。

不等式で示したのは、一つのたとえみたいなもので、これだけでは少し粗雑《そざつ》です。もう少しちがう言い方をしてみましょう。

たとえば智子《さとこ》さんが学校からの帰宅中、バスで優先席に座《すわ》っていたら、お年寄りが乗ってきた。お年寄りといっても、見るからによぼよぼともいえない。智子さんは部活をやってきて相当疲れていてちょっと迷ったけど、でもやっぱりお年寄りだから心を決めて席を譲《ゆず》ってあげたとする。これは道徳的な行為か、倫理的な行為かどっちだと思う?

**智子**　道徳的な行為だと思います。

**先生**　その通り。

では、こういう場合はどうでしょう。同じケースで、ぐずぐず迷っているうちにタイミングを失って、結局譲らないまま座りつづけていたら、そのうち、お年寄りが降りてしまった。君はやっぱり譲ってあげるべきだったんじゃないかという後味《あとあじ》の悪い気持ちを残した。それでこの後味の悪さについて心の解決がつかず、家に帰ってからもやっぱりぐずぐず考えつづけたとする。そういうとき、君は倫理的になっているんですよ。

**智子**　どうしてですか?

**先生**　君は、「お年寄りには席を譲りましょう」という道徳が、はたしていつの場合にも当てはまるかどうかについて考えはじめたからです。あのとき譲ろうとしたら、お年寄りはほんとは自分がそんなに老人と思われたくないと感じて、かえって怒ったかもしれないとか、自分がこんなに疲れているんだから、何も必ず道徳を守らなくてもいいんじゃないかとか、自分に向かって問いかけているわけだ。

するとつまり、それは、「正しい」と教えられてきたことに単純に従うのではなく、その正しさに疑いを抱いて、これまでの自分をぐらつかせていることになる。自分をぐらつかせていると同時に、世間の教えに挑戦しようとしていることにもなる。そうすると、その態度は、ある単純な教えをただ頭から守る態度よりも、人間の心のあり方や人生にたいしてもっと広い視野を切り開く可能性がある、ということになります。

## 「道徳」を疑うことが「倫理」？

**先生**　道徳は、ある社会やある時代のなかでは、固定しているように見える。それは「心の決まり」ですからね。

でも自分が住んでいる社会の外に出てみると、全然ちがうことを道徳にしている社会もあってびっくりすることがあります。これをカルチャーショックと言います。また、同じ社会、同じ国のなかでも、固定して見えていたのが、ものの二十年もたつと「えっ」と思うくらい変わってしまうことがあります。

たとえば、茶髪《ちゃぱつ》、ピアスが出てきたときに、先生たちや親の多くは、あれは不良の印《しるし》だと感じた。でもわずか十五年くらいで、そんな感じ方は吹っ飛んじゃった。いまはそんなことを言っても、全然通用しないでしょう?

スポーツ選手や芸能人は言うに及ばず、いまではPTAに参加してくるお母さんたちがみんな平気で茶髪にしているしね。まじめで優秀な生徒もそういう格好《かっこう》をしていたりする。かつて守るべき道徳と思われていたものが、いまは、むしろ偏見《へんけん》にすぎないのではないのかというふうに変化してしまったのです。

**徹**　たしか、若い国会議員にも茶髪がいたぞ。

**先生**　そうだね。いたね。

　さてしかし、智子さんがやっぱり席を譲るべきだったんじゃないんだろうかと迷ったとすると、その種の迷いそのものには、いつの時代、どこの社会でも湧《わ》きおこってくる共通性があるんですよ。

　世間で認められている「正しさ」や「よさ」にそのまま従うことに迷いを感じたり、疑いを抱いたりすることは、ひとの生き方について考えを深めようとする入り口の意味をもちます。だから、そのことのほうが、ただ道徳にそのまま従うことよりもスケールが大きい。そして、そのほうが精神のはたらきとして永続的で、意義《いぎ》深いことだと私は思います。そういう精神のはたらきを「倫理」と呼びたいのです。だからやっぱり「道徳∧倫理」なのです。

**智子**　でも、そういう疑いって、結局、壊《こわ》す必要もないはずのいい道徳まで壊しちゃうんじゃないですか。

**先生**　もちろんそういう場合もあるだろうね。でも、逆に、全然守る意味が感じられなくなって人を縛《しば》るだけになってしまった窮屈《きゅうくつ》な道徳もあるだろう。そういう場合は、壊しちゃうか、少し変えちゃったほうがいいんじゃないか。

**智子**　たとえばどんな場合ですか？

**徹**　さっき、先生が言ってたじゃないか。茶髪は不良の印だからいけませんなんて、智子、いい道徳だと思うのかよ。

**智子**　それは思わないけど、茶髪がいいか悪いかなんて大人たちが勝手に騒《さわ》いでいただけで、わたしにとってはどうでもいいことなのよ。でも、道徳って、茶髪問題なんかより、もっと大きな問題で、わたしたちの生活に根を下ろしているんじゃないかしら。なんか、ただ疑えばいいってことでもないような気がするんだけど。

**先生**　いま、智子さんが言ったことは、いろいろな問題に発展していくきっかけの意味をもっています。だんだん枝葉《えだは》を伸ばして考えていこうよ。そのためにも、いま言ったことを忘れないようにしてほしい。

私は今日、たまたま道徳を疑うことが倫理だ、みたいな言い方をしました。しかし、じつは、智子さんの疑問の出し方も、道徳ってなんなんだろうという問いを深めるための別の入り口になっているでしょう。その意味では、やっぱり倫理的な精神のはたらきです。私は、ある道徳を疑うことも、ある道徳の重みをきちんと測《はか》りとろうとすることも、結局は同じ精神のはたらきだと思います。そして、そういう精神のはたらきをどこかのだれかがしつづけることは、危《あや》うい面もあるけど、やっぱりスリリングで、とても大切なことだと考えています。

**亮太**　先生、さっき優先席の話したけど、こういう場合はどうすればいいの。目の前におなかの大きな女の人が立っててさ、妊婦《にんぷ》か、ただ太ってるだけなのかわからない。妊婦だったら譲ったほうがいいけど、万一、三段腹で大きいだけだったら、すげえヤバい……。オレ、前にこういうことあって困ったんだよ。

**沙織**　そういうときはさ、次のバス停に着いたら黙って降りちゃえばいいのよ。

**亮太**　そんなのやだよ。そのバス停から家まですごく遠いかもしれねえじゃん。

**先生**　ええとね、私は、個々の場合にどうしたらいいかという話をしてるんじゃないんです。その判断は亮太《りょうた》君自身に任せるよ。せいぜい迷い抜きなさい。

今日の話の重点は、道徳的であることも大事だけど（なぜ大事なのかは、これからの授業で説明します）、もっと大事なのは倫理的であることだというところにありました。わかってもらえましたか？

**みんな**　何となく。

第2回目

# 「よいこと」ってなんだろう？

**先生**　では第二回の授業をはじめます。
　今日の話の中心は、「よいこと」とは何かです。「よい」にはいろいろあるのですが、じつは突きつめていくと、いくつかに分類されてしまいます。この問題は、これまで何人ものえらい人が夢中になって考えてきたのですが、結局のところ、だいたい三つくらいの「よい」があるというところに落ちつきそうです。
　でも問題は、そういう三つくらいの「よいこと」が、たまたまうまく重なるときもあるのだけれど、多くの場合はたがいに食いちがってしまうことです。で、それがなるべく食いちがわないようにするには、どういう考え方をしたらいいか、というところに話をもっていけたらと思っています。

さて、みなさんは、どういうときに「これはよいことだ」と感じますか?

**亮太** シュートが決まったとき。

**亜弥** 好きな人に気持ちが通じたときとか、おいしいケーキにありついたとき。

**沙織** ムカつくやつから離《はな》れられたとき。

**康介** テストの点数がよかったとき。

**亮太** イケてる曲聞いてるときもいいな。

**智子** ちょっと待って。なんか、みんな、自分が気持ちいいときのことばっかり話してない?

**亮太** だって「よいこと」ってそういうことだろ。それで悪いかよ。

**智子** 悪いってわけじゃないけど、「よいこと」のなかには、みんなが「正しい」と認めていることとか、人のためになるようなこと、ってのもふつう入ってるじゃん。

**亮太** なんか、そういうのウザくない? 智子、そういうの好きなの?

**智子** わたしが好きかどうかじゃないの。「よいこと」っていう言葉をみんなが使うときには、そういうのも入ってるでしょ、って言いたいだけよ。

**徹** だけどさ、智子、みんなが「正しい」と認めていることとか、人のためになることとかも、結局自分がやりたくてやってるんだろ。それなら、「気持ちいい」ってのとたいして変わらなくないか。みんな気持ちよくなりたくて、人が言ってる「よいこと」をやろうとするんじゃないの。

**智子** それはそうかもしれないけどさ、シュートが決まったときの気持ちよさなんかとは、どっかちがう気がする……。

**先生** オーケー、オーケー。その辺でいいでしょう。けっこう問題がちゃんと出てきましたね。いまの議論は、私がこれから話そうとしていたことにうまく当てはまっていて、思うつぼでした。

まず、「よいこと」というのには、いまみなさんが話していたように、二つ考えられます。一つは、シュートが決まったときとか、おいしいケーキにありついたときとかのように、**個人が幸福感を感じること**。そしてもう一つは、貧しい人のために尽《つ》くすとか、平和のために努力するとかのように、**社会的な「正義《せいぎ》」と見なされること**。

はじめの「よいこと」は、「快《かい》」と呼んでいいでしょう。そして後の「よいこと」は、「善《ぜん》」と呼ぶことができます。

**智子** 先生、「よいこと」には三つあるって言いませんでしたか。

**先生** 三つめは後で言います。これはちょっと意外なことなので、すぐにみなさんにわかってもらうのはキビシイ。順序として、「快」と「善」の関係から話しはじめたほうがスムーズにこの問題に入っていけます。

## 「善」と「快」は一致しない？

**先生**　さてむずかしいのは、同じ「よいこと」でも、「快」と「善」とが個人のなかで一致しにくいことです。もちろんまったく一致しないわけではなくて、「善」を行なうとても気持ちいいということもありますね。でも、その気持ちよさは、智子さんが言ったとおり、おいしいケーキを食べたときの気持ちよさとはややちがいます。

では何がちがうのか。少しむずかしい言い方になりますよ。

おいしいケーキを食べたときの気持ちよさは、何にも仲立《なかだ》ちするものがなくて、自分の欲求を直接に満たしたことによる気持ちよさです。これはテストの点数がよかったときも同じです。いい点を取ってやろうという意志と欲求と目的があって、それが満たされたのでいい気持ちになるのです。

**康介**　オレがテストでいい点とったときにうれしいのは、ちょっとちがうんすけど。親がホメてくれたり、まわりがうらやましがったりするから得意《とくい》になるだけなんだけどな。

**先生**　たしかにケーキとは少しちがうかもしれないけど、それは「正しいこと」をやったときの気持ちよさほどはちがいません。名誉《めいよ》がほしいという欲求が満たされたから、いい気持ちになるのです。

でも、「善」を行なったときの気持ちよさというのは、もしそれが本当なら、そういう場合とはむしろ逆で、自分のそれまでの欲求や利己的な心に逆《さか》らうことができたという、そのことがうれしいのです。

**徹**　先生、ちがうんじゃないんですか。「善」を行なってうれしいのも、みんながほめてくれるだろうなあと思うからじゃないんですか。それは名誉を求める気持ちと変わらないでしょう?

**先生**　今日はなかなか活発だね。徹《とおる》君の指摘《してき》はじつに微妙《びみょう》なところを突いている。私が逆と言ったのは少し言い過ぎだったかもしれません。自分の欲求や利己心に逆らうことができると、それだけ自分がひとまわり大きくなって、人との絆《きずな》が深まったような気がするからね。それは結局、みんながほめてくれるはずだというのとあんまり変わらないかもしれない。

でも、その点をもう少しよく考えてみましょう。もちろん、徹君が言った理由も無視できない。いや、ほとんどの人は、そういう動機《どうき》から「善」を行なっているといってもいいかもしれません。小さいときから「善」にかなうことをやるとほめられてきましたからね。人からほめられたいというのは、もうその人の強い欲求の一部になっています。だから、たしかに善行《ぜんこう》の大きな動機といえるでしょう。

けれどみなさんは、そこのところに、「善」とか「正しさ」とかが行なわれる本当の意義とはどこかちょっとずれた、何か不純《ふじゅん》なものを感じませんか。ほめられることをアテにして善行をやるのだったら、「善」と言われていることが純粋に実現されたのではないような気がしませんか。

たとえば、駅の階段でおばあさんが転《ころ》んじゃった。徹君がそのおばあさんを親切に助けてあげた。すると、おばあさんがとても感謝して、「お礼をしたいので、お名前を教えてください」と言ったとする。君はそんなことを言われたらどうしますか。「○○徹と言います。住所はこれこれで……」なんて平気で言いますか。

**徹**　……そんなことはしないと思います。

**先生**　むしろ、ちょっと照《て》れくさくなって、「いえいえ、いいです、いいです、当たり前のことをしただけです」と言って、早くその場を立ち去りたくなるんじゃないかな。

**徹**　それは……たぶん、そうですね。

**先生**　それはいったいどうしてなんだろうね。

**徹**　……感謝されたくてした、なんて思われたくないから、かな。

**先生**　その通りですね。つまり、こういうことになります。「善」とか「正しさ」と考えられていることには、「善」そのもの、「正しさ」そのものというのが真ん中のところにまずデンとあるような感じがある。それがいったい何かはよくわからない。でも、そのデンとあるものの外側から、個人の欲求などによって善行の理由づけをしようとすると、何となくみんな跳《は》ね返されてしまう気がする。何だか「善」ははじめから「善」そのものによって「善」なのだ、と言われているように思えませんか。

**徹**　ちょっと、何言ってるんだかわからないんですけど。

**先生**　もう少し説明しましょう。

先ほど、徹君は、「善行をするのは、みんながほめてくれるのがうれしいからだ」と言ったね。では、どうしてある行ないがほめるに値《あたい》するものだというふうに決まっているのでしょう？　いつ、だれがそれを決めたのでしょう？

もしある行ないが善であるとか、別の行ないは善ではないとかあらかじめ決まっていなければ、徹君が何かやったときに、人がそれを見て、「うん、これはいいことだからほめてやろう」と判断できないんじゃないか？

そして、このことはどの個人の行ないにとっても当てはまるでしょう。つまり、もしだれもが「自分が善行をするのは人がほめてくれそうだからだ」と思っているだけだったとしたら、「なぜその当の行ないが善としてほめられそうに思えるのか」という質問に、どの人も答えられなくなるでしょう。

だから、まず「善」かどうかがわかる秤《はかり》のようなものがあることをみんなが認めていて、徹君がやったことがはたしてそれに値するかどうかをその秤にかけてみる。そうすることによって、ほめたりほめなかったりすることがはじめてできるようになるのではないかな。「善」か「悪」かを見きわめる秤がなければ、あの人は正義の人だ、とか、あいつは悪いやつだ、とかほめたりけなしたりできないでしょう？

**智子**　何となくわかってきたような気がするけど、そうすると、その「善」の秤というのはどこにあって、どんなかたちをしているんですか？　何を「善」そのものだと理解すればいいんですか？

**沙織**　それはさっき先生が言ってたみたいに、自分の欲求を抑《おさ》えて人のためになることをするっていうことじゃないの。

**先生**　一般的にはそういうことになっています。だから、善行をしたときのうれしさというのは、自分の欲求が満たされたときのふつうの幸福感とはちょっとちがう。むしろ**自分がただ自然の欲求だけに従って生きている存在ではないことを確認できた喜び**なのです。

キリスト教の聖書などには、「罪を犯《おか》したことを悔《く》いて罰に耐えたとしても少しもえらくない。善《よ》いことを行ないながらだれにも認められず苦しみに耐えればこそ神がほめてくれるのだ」といった教えまであります。つまり、だれにも認められない善行のほうが、その認められないことによってかえってえらい、ということになるんです。

これはちょっと極端かもしれませんが、要するに、見返りを期待して行なわれた「善」など、本当の「善」ではないと言っているのです。

**亮太**　なんか、そんなの、息苦しくってついていけねえな。何で人のためにいいことやりながら苦しまなくちゃならねえのよ。

**徹**　先生は、そういう、だれにも認められずに苦しみに耐えるような善が本当の善だという考え方がいいと思うんですか？

**先生**　核心《かくしん》に触れてきましたね。私の個人的な考えを話す前に、もう一度確認しておきましょう。

「善」とは何かという問いを突きつめていくと、たしかに理屈のうえでは、そういう考え方にたどりつくのです。つまり、同じ「よい」でも、「快」のほうの「よい」と、「善」のほうの「よい」とは、なかなか一致しないという壁《かべ》にぶつかることが多い。その理由は、ある「快」は自分にだけ感じられればそれでいいのに、「善」のほうは、他のすべての人々にとっての「快」として感じられなくてはならないからです。

　逆に言うと、「善」を突きつめようと思えば、どこかで自分にとっての「不快」に耐えなくてはならないし、自分にとっての「快」だけを追求していると、いくらでも他の人々にとっての「不快」や「不善」になってしまう可能性があるのですね。

**亜弥**　おなかすいてるからって、相手のケーキまで食べちゃったら、相手が困るもんね。

**先生**　その通りですね。

## 「善」には自己犠牲がつきもの？

**先生**　ところで、さっき、徹君が、だれにも認められずに不快に耐えるような善こそ本当の善だという考え方は正しいと思うかとたずねました。じつは私は正しいと思っていません。これまで話してきたことをひっくり返すようになりますが、命を捨ててまでも正義を守るべきだとか、どんな不快に耐えても成しとげてみせるものこそ本当の善だといった考え方は、いろいろな理由から、あまりよくない考え方だと思っています。

　その理由について述べてみましょう。

　まず思いつくのは、そんな苦しみに耐えたり、命を落としてしまったりしたら、自分を



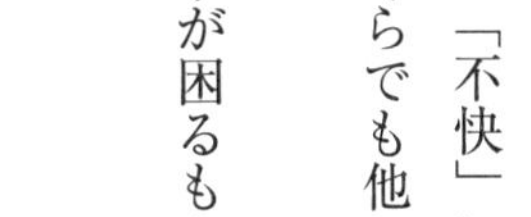

粗末《そまつ》にするだけだから元《もと》も子もないじゃないかという理由です。しかし私は、この理由は、先の考え方にたいしてほとんど効《き》き目がないと思います。

なぜなら、そういうものこそ本当の「善」であり「正義」であるという信念をもっている人に、「命あっての物種《ものだね》だからやめとけ」といくら説いても無駄《むだ》だからです。二〇〇一年の九月に世界貿易センタービルに突っこんだアラブの人たちは、そのようにすることこそが「善」であり「正義」であると信じていたから、あんなことができたのですね。

私が、不快に耐えたり自己を犠牲《ぎせい》にしたりしてこそ「善」の意味が満たされるという考えに賛成できない第一の理由は、さっき亮太君が言っていたように、そんな考え方を実行できる人などごく少数しかいない、ということです。

ごく少数しか実行できないような理想を立てると、できない人はできないことで後ろめたさを抱えてしまいます。そして、いつも不安ややましさにさいなまれるようになります。自分はいったい本当の善人になれたのだろうか、あとどれくらい自己犠牲を実行すれば最高の境地《きょうち》に近づけるのだろうか、などと悩むようになります。つまりふつうの人にとって、これは精神衛生《せいしんえいせい》上よくないのです。

第二の理由は、この考え方は、エゴイズムを捨てることを、「善」を実現するポイントにしているために、一種の消去法《しょうきょほう》にしかなっていません。だから、具体的に何が「善」なのかが最終的に決められなくなってしまうのです。
あ、消去法って知ってますか。みなさんの前に、リンゴとバナナとミカンとナシがおいてあって、好きなのを一つ選んでいいよと言われたとしますね。でもとくに好きなのがないので、嫌いなものから取り除いていって、最後に残ったのを選ぶ、というやり方が消去法です。

利己心を捨ててこそ「善」だという考え方は、いろんな欲求を消去法で消していくやり方です。その結果、すべての利己的な欲求を消し去ることができたときこそ最高の「善」の境地に到達したのだという考えに結びつきやすい。そうすると、それは結局らっきょうの皮をむいていって、芯《しん》が何も残らないのと同じで、「これこれの行為が善である」と指し示すことができなくなってしまうのですね。

さて第三の理由ですが、これは、第一の理由と第二の理由とを合わせたものです。ふつうの人が、世の中には苦しんでいる人たちがいっぱいいるから、自分を犠牲にしてでもその人たちのために尽くすべきだという考えにとりつかれたとします。ところが、実際にはどうしたらその理想を本当に実現できるかがよくわからないし、実現できる力ももっていない場合がほとんどです。この世の中のしくみはじつに複雑ですからね。

そうすると、どういうことになるか。たいてい次のようなことになります。こういうや

り方をすれば「善」を実現できるのだ、と強く主張する人があらわれてきて、その才能と魅力《みりょく》でふつうの人を説得《せっとく》しはじめます。ふつうの人はそういう強力な人の近くにいると、ほとんどがその影響力に巻きこまれてしまうのです。

巻きこまれてもそれが本当の「善」ならいいじゃないかと思うかもしれません。しかし、どうしてそれが本当の「善」だとわかるのか、だれが判定《はんてい》するのか、決め手がありませんね。だから、いくつも「本当の善」が出てきて、こっちが本当だ、おまえのは偽《にせ》だ、という争いを繰り返すようになります。これは理想主義同士の争いですから、どれも真剣です。そして争いは真剣であればあるほど激しくなって、たくさんの人を巻きこみ、ついには大量の殺しあいにまでなってしまいます。

いいですか。私の言っていることによく気をつけてください。この場合には、もともと自己を犠牲にしてこそ本当の善だという考え方が中心になっていたわけですね。だから、自分が信じている、あるいは信じこまされた「善」の実現のためには、たやすく命を捨てることができてしまいます。これが、**理想主義の怖さ**です。

**智子**　ボランティア活動で、貧しい人や災害にあった人を助けるのなんかも、まずいことなんですか。

**先生**　それはちっともまずいことではありません。手近なところに具体的な「善」を実行する手だてがあって、君にその気があって、そして余力もあるのだったら、無理のない範囲でおおいにやればよろしい。

**危険なのは、もっと利己心を捨てなくては「本当の善」にたどりつけないという考え方にとりつかれてしまうこと**です。

先ほど、利己心や自分だけの欲求充足をどんどん捨てていくと「本当の善」にたどりつくという消去法的な考え方では、何が善なのか示せなくなると言いました。では、どういう考え方をすれば、善が善として実際に活《い》きることになるのでしょうか。

これについては、「善とは何か」という問題について、人々がしばしば錯覚《さっかく》に陥《おちい》っている事実から説明したほうがいいでしょう。

みなさんは、「善」というのは、自分を抑えて他人のためになるような、何か積極的な行ないをすることだ、というふうに思っていませんか。あるいは、そういう行ないに結びつくような意志を強くもちつづけることだ、というように。

**徹**　ちがうんですか？　さっき先生も、一般的にはそうだと言ったように憶《おぼ》えてますけど。

**先生**　たしかにそう言いました。しかし、それはほんの一部にすぎないのです。これまでは、善について説明するのにそういう思いこみを利用したほうがわかりやすかったので、そこに焦点《しょうてん》を当ててきたのです。

しかし、じつは「善」というのは、大部分がもっとずっと消極的で、当たり前で、無自覚なものなのです。

たとえば、みなさんがある日、朝起きて顔を洗い、食事をすませてから学校に来て、勉強して帰宅し、友だちと遊んでから宿題をやって夕食を食べ、テレビを見て寝たとする。別に何か困ったことには出会わなかったし、悪いこともしなかった。これだけでみなさんは、じゅうぶん「善」を実行したのです。

言いかえると、とりたてて何もしないで、だれにも迷惑をかけず、きちんと与えられた義務を果たし、周囲に不快感を催《もよお》させなければ、それは「善」の条件を満たしたことになるのです。

なぜそんなことが言えるのか。

「善」というのは、この世間に暮らしている人たちが安らかな気分で毎日を過ごせる状態のことです。あるいはそういう状態をつくりだしている多くの人々の暗黙の意志のことです。みんながそういう状態を保つのはけっこうむずかしいのですが、だいたいの人がそういう状態でいられれば、「善」が実現していると言ってよい。

私たちは、家族や友人や仕事関係など、いろいろな人間関係をつくって生きていますね。そこにはさまざまな葛藤《かっとう》が生まれて、なかなかうまくいきません。でも、それがうまく処理されて何とかまわっていれば、そのうまくまわっている状態をつくりだしているみんなの対応のしかたが「善」です。この対応のしかたのためには、必ずしも積極的な行ないとか、強い意志とか、崇高《すうこう》な道徳心とかを必要としません。

それはどうしてか。

みんなが安らかに暮らしていくために、これまで人類はいろいろと知恵をしぼってきました。その結果、安定した社会では、その知恵が、公衆《こうしゅう》道徳とか、法律とか、社会的な約束のシステムとか、技術や設備や機械といったかたちで、みんなの共通の財産となっているからです。

これらはなくてはならないものなのに、善悪とは何か、などと考えるときにはその存在があまり意識されません。ちょうど水や空気の存在のように、忘れられてしまうのですね。でも、じつは、その共通の財産の上に乗って、ふつうに人づきあいを処理したり、仕事をこなしたりしていれば、それでみなさんはじゅうぶん「善」を実行したことになるのです。

たとえば、みなさんのなかにバス通学している人がいますが、あのバスの運転手さんは、お客さんの安全に配慮しながら、毎日時間どおりに同じコースをぐるぐるまわることを仕事にしている。つまり、あれこそ「善」を実行しているのです。

ところが、だれかがそういう共通の財産をうまく利用することをやめてしまうと、そこに破れ目ができてくるでしょう。運転手さんが酒を飲んじゃって、今日は仕事をしねえぞ、とかね。郵便配達の人が、配《くば》るのが面倒くさいので、手紙をどっかに捨《す》てちゃったとか。

また、この共通の財産がうまく整っていないために、苦しい人がたくさん出てきてしまう場合も多いですね。そういうことが度重なると、社会の破れ目がどんどん広がっていきます。するとだれか選ばれた人が出てきて、強い積極的な意志をもってその破れ目を縫《ぬ》いあわせなくてはならなくなります。その意志や行ないはとても目立つことなので、多くの人は、それこそが「善」であると思いこむようになるのです。

でも本当はそうではありません。**「善」というのは、この社会の共有財産を利用しながら、社会の約束事や慣習に毎日従っている、そして昔の人たちが苦労してつくりあげてきたこの共有財産をなくさないように気をつける、ということ**なのです。

時間が来たようですね。今日はここまでにしておきましょう。

次回も同じテーマを続けますが、今度は「悪い」とは何かに焦点を当てて話します。

第3回目

# 「悪いこと」ってなんだろう？

**先生**　前回、「善」とは、とくに積極的な意志や行動を意味するのではなくて、長い間につくりあげられてきた社会のルールや慣習にふつうに従っていることだという話をしました。このことは、道徳的な意味での「悪」とは何か、という反対の問題を考えると、もっとはっきりするでしょう。

## ウソをつくのは「悪いこと」？

**先生**　「悪」とはいったいなんでしょうか。みなさんは道徳的に「悪いこと」というと、

どんなことを思い浮かべますか。ちょっと思いつくままにあげてみてください。
**徹**　ふつうはまず、殺人とか、強盗《ごうとう》とか、泥棒《どろぼう》とか、誘拐《ゆうかい》とか。
**康介**　万引き、詐欺《さぎ》、暴行、カツアゲ……
**亜弥**　レイプ、チカン、ヘンタイ、ストーカー。
**亮太**　いじめとか、ダチ裏切ることとか、ウソつくことも悪いんじゃねえの。
**沙織**　浮気。
**亮太**　浮気って、悪いことかな。
**沙織**　悪いに決まってんだろ。相手の気持ち踏《ふ》みにじってるんだから。
**亮太**　そうかな。オレ、やっちゃうかも。ほかの女の子好きになっちゃったらしょうがねえじゃん。
**沙織**　あたし、そういう人とはつきあわないからね。
**智子**　ちょっと待って。
**亮太**　また智子《さとこ》の「ちょっと待って」がはじまったぜ。
**智子**　るせえ、聞け。いま聞いてるとさ、最初みんな犯罪みたいなことばかりあげてたけど、だんだん犯罪じゃないことも言うようになって、それで、ほんとに悪いのか悪くないのかわかんなくなっちゃう世界に入りこんじゃったんじゃない？

**徹**　それは、この前、先生が「法律∧道徳」って言ったのとちょうど対応してるんじゃないか。道徳は心の内側の約束だし、いろんな心の持ち主がいるから、いつもなんかあいまいでさ。これこれは「悪」である、ってなかなか決めつけられない。

**先生**　はい。いまみなさんには、道徳的な「悪」と呼ばれているものの具体例をいくつかあげてもらいました。でも、このやり方ばかりを続けていると、たしかに智子さんや徹君が言ったように、これこれの行為はほんとに悪なんだろうか、というあいまいなところに踏みこんでしまうんですね。

先ほど亮太君が、「ウソつくことも悪いんじゃないの」と言いました。みなさんも小さいときから「ウソをついてはいけません」と教わってきたでしょう。しかし、「ウソも方《ほう》便《べん》」なんてことわざがあるように、これはなかなかむずかしい。もっと大きな悪を防ぐためや、自分にとって大切な人を守るためだったら、ウソをつくのもときには必要だ、というのが常識感覚ですよね。

善悪ってなんだ、っていう問題をいっしょうけんめい考えた哲学者がいます。カントっていうんだけどね。彼がこんなことを言っています。本当に「正義」が根づくためには、殺し屋に追われてきた友だちをかくまったときに、殺し屋から「おまえ、かくまっているだろう」と聞かれたら、「いや、向こうへ逃げていったよ」とウソをついてはいけない。

たとえ友だちが殺されてもほんとうのことを言うべきだ、と。

**沙織、亜弥**　ウッソー！

**康介**　マジ？

**亮太**　哲学者って、何やってるやつ？　あのヒゲとか生《は》やして宇宙がどうたらこうたらとかどうでもいいこと考えてる連中？

**先生**　だいたいそうです。

**亮太**　哲学者って、頭おかしいんじゃねえの。

**先生**　頭がおかしくはありませんが、変人が多いです。でも変人の言うことにも耳を傾ける必要があります。変人というのは何でも物事を徹底的に考えつめるんですね。で、常識感覚と食いちがう結論を示して、みんなの常識そのものを考え直させようとする。そういう役割もときには大事です。常識がいつもいいとはかぎりませんからね。

ところでこの哲学者の考え方は、いま紹介したほど単純ではなく、なぜそういうことを言うのかという動機についてはよく理解できるのです。しかし私自身は、最終的には賛成できません。善悪とは何かを純粋に考えつめていくとどうしてもそうなる、というところまではわかるのですけどね。

前回、同じ「よいこと」でも、「快」と「善」とはその意味がちがっていて、両者はなかなか一致しないという話をしましたね。この哲学者はその問題をずっと考えつづけて、「善」というものがもし本当にありえるなら、それは「快」の要素を全部切り捨てても成りたつような姿かたちをとっていなくてはならない、という結論に達したようです。

この例の場合は、ウソをついて友だちの命を助けることが「快」にあたりますね。それは友情を示すことで、自分の大切な人間関係が保てるわけですから。そして、ほんとうのことを言ってしまうことが「善」にあたります。

この哲学者は、「快」と「善」、「幸福」と「道徳」、「利己」と「利他《りた》」とがもともと一致しないという理屈《りくつ》にこだわりつづけたのです。

しかし、よーく目を凝《こ》らして現実を観察してみると、実際には一致していることが生活のなかにけっこうあることに気づくはずです。

たとえばお母さんが自分の赤ちゃんがかわいくてしかたがなくて、いっしょうけんめい抱《だ》きしめたり頬《ほお》ずりしたりチュウチュウしたりする。それは「快」からしていることですが、同時に、その子が健康でよく育つという「善」につながります。

また、みなさんがプレステの新しいゲームがほしくて小遣《こづか》いをはたいて買ったとする。それはただの「快」の追求ですが、同時にお金をちゃんと払ったのだから、そのゲームをつくったたくさんの人たちの労働に報いたことにもなります。

前に「善」というのはみんなが思っているよりもはるかに消極的で、当たり前に実現されているものだという話をしましたね。お金をちゃんと払ってものを買ったら、それは、ルールを守っているのだし、買ってほしい人の欲求を満たしたことにもなるのだから、「善」を行なったことになるのです。

さらに、たとえば亮太君が、うまいギャグをとっさに思いついて言ってみたら、脇《わき》にいた康介君が腹を抱えて笑ったとする。この場合でも、亮太君自身は自分の「快」を追求しただけなのに、結果的に人を喜ばせるという「善」を実現したことになります。

例の哲学者はどうも、「快」と「善」という「よいこと」の二分法にこだわるあまり、ある人にとっての「快」が他の人にとっての「快」でもありえること、現実にそうである場合がたくさんあることに、じゅうぶん目を届かせなかったようです。

もちろん「快」と「善」とが一致しない場合もたくさんあります。しかしその場合には、なるべく一致するような世の中にするために、具体的にどうしたらよいかと考えるほうが建設的なのです。

## 「悪」は絶対的か？

**先生**　「悪とは何か」に話を戻しましょう。

先ほど「悪」の具体例をあげていくやり方でこの問いに答えようとすると、本当にそれらが悪なのかどうかわからなくなってしまうところに必ずたどりつくといいましたね。それは、私たちの生きている現実そのもの、ある社会のルール感覚のあり方、欲求の実現のさせ方などが、もともと一つに決まっていないからです。

ですから、道徳的な「悪」というのは、私たちの住んでいる社会が、何をどういうふうに「善」と見なす慣習をもっているかということとの関係で決まるのです。この慣習が変われば、「悪」の姿も変わります。こういうあり方を「相対的《そうたいてき》である」といいます。

実際、封建《ほうけん》時代などは、身分のちがう者同士が愛しあって結ばれようとすることは「悪」と見なされましたが、現代では、そういう見なし方そのものがむしろ「悪」と見なされるでしょう。どういうことかわかりますか?

**智子**　それは、親なんかが、家柄《いえがら》がちがうとか言って、二人の愛を割《さ》こうとしたら「差別だ」って考えられる、みたいなことですか。

**先生**　正解。

道徳的な「悪」は、このように相対的です。ある行ないをそれだけ取りだして、絶対的に悪であると決めつけることはできません。殺人だって、ほめられる殺人もあるのです。

戦争では敵の大将の首を取ってくれれば名誉なこととしてほめたたえられますね。

この話は、後でもっとくわしくしますが、ここで大事なのは、要するに、あるまとまった社会のなかで、**慣習的に「善」とされていることに逆らうことであれば、その社会の範囲内では何でも「悪」と見なされる**という事実です。

みなさんも少しぐらいは悪いことをやったことがあると思いますが、悪いと知っていて悪いことをやると、何だかとても不安な感じがしてくるでしょう。また、悪いことを実行しようとすると、とてもどきどきしたり、勇気が必要だったり、孤独感に陥《おちい》ったりしますね。根っからの極悪人《ごくあくにん》か常習犯でないかぎり、この感覚から免《まぬが》れることはむずかしい。

では、悪いことをするときには、どうして勇気が必要だったり、孤独感に陥ったりするのでしょうか。

**亜弥**　見つかって罰を受けるのが怖《こわ》いから。

**先生**　たしかにそれがありますね。でも、罰せられる恐怖だけから説明できるかというと、少しちがいます。必ずしも罰せられなくても「悪」と見なされていることはたくさんあります。そういう悪を行なうときにも、勇気や孤独感がともないますよね。

**悪に勇気や孤独感がつきものであるいちばんの理由は、自分だけが、ふだんふつうの人たちが従っている慣習から抜けでてしまう感じがするから**です。慣習を破ることは意外と勇気がいることで、人をとても不安にします。

人は、自分がだれからも見放された裸《はだか》の個人になってしまうことを、飢《う》え死にしてしまうのと同じくらいに恐れるのですね。一人で「悪」を実行することは、そのような裸の個人になるための最も近い道です。だから、集団で悪いことをする人が多いのです。「赤信号、みんなでわたれば怖くない」というやつですね。

みなさんぐらいの年頃だと、大人の目から離れて一人ひとり個人として自立しようという衝動《しょうどう》が、多かれ少なかれ芽生えてきます。そうすると、グループのなかでその自立心を誇示《こじ》するために、わざと悪いことをやって勇気のあるところを見せたがる人がけっこう出てきたりしますね。

**康介** 亮太だ。

**亮太** おまえはどうなんだよ、人のこと言えんのかよ。こないだだって……

**先生** まあ、よろしい。つまんないケンカはやめなさい。

もともと慣習というものは、日常生活の何げない時間帯を支えていますから、無意識的なものです。なので、人はあまり気がつかないけれど、じつは、この慣習に従っていることによって、「善」をつねに実行しているのです。そして、その慣習がだれかの意志によって破られたと感じられるとき、それを人は道徳的な「悪」と呼ぶのです。

**徹**　ということは、「善」のほうも相対的だということですよね。

**先生**　その通り。前回話したように、道徳というのは、社会や時代のあり方によって流動します。それは、大勢の異なる人々が交流を重ねていくと、慣習が徐々に変わるからです。

**智子**　そんな不安定でいいのかしら？

**先生**　いいか悪いかといっても、これは動かすことのできない現実だから、しかたがないですね。でも、二つだけ補足をしておきましょう。

一つは、いくら不安定といっても、秩序がそれなりに保たれている国ではどこでも、「殺してはいけない」とか「盗んではいけない」とか「むやみに乱暴なことを言って人を傷つけないようにしよう」とかいった道徳的慣習が比較的定着しているでしょう。だから、そんなに心配しなくてもいいんですよ。その慣習がほんとうに崩《くず》れそうだなと思えたときに、どうすればよいか、みんなで知恵を合わせればいいのです。

またもう一つは、道徳的な「善」は、慣習によって支えられているだけの不安定なものだという事実を知っておいたほうが、知らなくて絶対安定だと思いこんでいるよりも、マシだということです。どうしてかというと、そのほうが考え方が柔軟《じゅうなん》だからです。ある慣習が絶対的だと思っていると、それによって支えられている道徳では不都合や不利益を感じる人がたくさん出てきたときに、それらの人々にたいしてすごく頑迷《がんめい》になってしまいます。茶髪、ピアスは不良の印だと頑固《がんこ》に信じている人ばかりだったら、みなさんは困るでしょう。

もちろん、何でも考え方を変えればいいというのではありません。これまでの道徳的な信念を貫くことが大切なときもありますが、これこれの考え方はどう見てももう古い、という判断があったときに、慣習が不安定なものだということを知っておいたほうが、時代にふさわしい道徳観を新たに形成するのに役立つでしょう。

このように、絶対的に固定した道徳なんてないということを肝《きも》に銘《めい》じておくことが、むしろ、私たち自身の生き方をよりよいものにするのです。道徳はだれかから与えられるものではなく、そのつどみんなで頭をひねったり試行錯誤《しこうさくご》したりしながら、つくりだしていくものです。なぜって、**道徳というのは、いま生きている私たちやこれから生まれてくる人たちがなるべく不幸せにならないためにある**んですからね。そして、どういう道徳が私たちに合っているかを考えるのが「倫理」です。

わかりましたか。

**徹**　わかった……ような気がしますけど。

**智子**　でも、自分で考えるのって、けっこう大変だよね。

**亮太**　何だか、めんどくせえ話だよな。

**康介**　オレも自分で考えるの、ウザいな。要するにヤバいことやらなきゃいいんでしょ。

**沙織**　あたし、そんないちいち考えなくたって、何が自分の幸せになるか、だいたいわかるわ。直感よ、直感。

**康介**　すげえ自信じゃん。

**亜弥**　あたしも幸せについてならわかる気がするけど、どっちが「正しい」生き方か判定しろ、なんて言われたら困るかも。

**先生**　ですから、これが正しい生き方だ、なんてはじめから決まっているわけじゃないんですよ。それから、**ふつうに慣習に従って生きていれば、だいたいは「正しい」生き方になっているんです**。だから、とりあえずいまのところは直感でけっこう。

でもこの授業は、一応「倫理」ですから、面倒くさくても、少しは考える必要があります。これからもっと具体的なテーマについて、そのための手がかりを与えていきます。

## 「よい」の三つめの意味とは？

**先生**　さて次に、前に予告した、「よいこと」の三つめの意味について説明しましょう。

これまでは、「よい」を「快」あるいは「幸福」と、「善」あるいは「道徳」との二つに分けて、その関係について考えてきました。「気持ちよい」と「正しい」との関係ですね。ところが、「よい」という言葉には、もう一つの重要な意味があります。何だかわかりますか？

**みんな**　……。

**先生**　みなさんがこの言葉をいつも使っている、いろんな場合を思い出してみればいいんですよ。容姿《ようし》でも服装でも勉強でもスポーツでも。

**亮太**　わかった。「カッコいい」！

**先生**　うん、かなり近いですね。でも、勉強の場合なんか、「カッコいい」っていうかな。

**亜弥**　勉強だと「できる」とか「頭いい」って言うんだよね。智子とか徹みたいに勉強できるとカッコいいけどね。

**智子**　少しぐらい成績よくたってあんまりカッコよくないよ。亜弥《あや》みたいに可愛くてモテるほうが全然カッコいいと思うけど。

**徹**　亮太みたいにスポーツが得意でケンカ強いのも、いいよな。康介なんてマンガうまいしな。

**沙織**　とりえないの、あたしだけか。ま、しゃあねえか。ＤＮＡだもんな。

**徹**　沙織《さおり》はなんかこう、強いとこあるよ。性格とか、生き方っていうのかな。

**沙織**　フォローしてくれてサンキュー。徹ってオトナだからステキ。
**先生**　だいたい出つくしましたね。つまり、いまみなさんが話題にしている「よい」は、「すぐれている」という言葉でまとめられると思います。顔が「よい」、趣味が「よい」、成績が「よい」、技《わざ》が美しくて「よい」、強い生き方をしていて「よい」、オトナだから「よい」。これらはすべて「すぐれている」という意味の「よい」ですね。
　そして、この「すぐれている」という意味の「よい」は、個人が自分で気持ちよいと感じる「よい」ともちがうし、行ないが正しくてみんなが「よい」と評価するのともちがう。つまり「快」でも「善」でもなく、「**優良**」ということになるでしょう。
　ではこの意味での「よい」の反対はなんでしょう。
**徹**　「劣《おと》っている」
**亮太**　「バカ」「ブス」「マヌケ」「ダメ」「ドジ」「ヘタ」「無能《むのう》」「使えねえ」……
**亜弥**　やめなさいよ、もう。それって差別じゃないんですか。
**先生**　差別かそうでないかを問題にしてるんじゃないんです。そういう言葉は、たしかに当人には面と向かって言わないほうがいい。でも、ある人をこちらから見ていて明らかにそう感じられるとき、いま、亮太君があげた言葉は「優良」の反対語としては全部的確《てきかく》です。

ところで、この意味での「よい・悪い」は、これまで話してきた「快・不快」の「よい・悪い」と、「善・不善」の「よい・悪い」と、どういう関係にあるのでしょうか。

まず「優良・劣悪」の意味での「よい・悪い」が、「快・不快」の「よい・悪い」に重なりあいやすいということは言えそうですね。はたから見ていて、すぐれているものは、快感を与えるだろうし、劣っているものはあまり愉快な気持ちがしない。

そういう他人の好悪《こうお》感情は、そう見られた人にとってはとても大きな意味をもちます。だから本人は、まあたいていは「優良」という評価を受けられるように相当の努力をするでしょうね。

そして努力が実《みの》ったときは、自分の「優良」は相手にとっての「快」に一致することになる。同時にそのとき、自分が評価されたことにたいする自分自身の「快」ともなうことにもなる。そうすると、この場合は、「優良」と「快」が重なりますね。シュートが見事に決まったときや、オリンピックで金メダルをもらったときみたいにね。

**沙織**　努力しても「優良」の評価が受けられない場合は、どうすればいいんですか？

**先生**　残念ながら、それがほとんどです。そういう場合は、自分に許された条件の範囲内でやるだけやってみて、適当なところで自分が生きていくための定位置《ていいち》を見定《みさだ》めるほかはないでしょう。

**沙織**　先生、意外と冷たいんだね。

**先生**　いいえ、たいへん温《あたた》かいと自分では思っています。「**だれでも無限の可能性をもっている**」**なんていうのは、ウソ**ですよ。みなさんもそう思いませんか。口先だけでこういう夢を安売りする人のほうがよっぽど冷たいんですよ。

なぜかというと、それぞれの人の具体的な条件、生まれつき、才能、適性、努力する意志、などのちがいをよく見てあげようとしないで、ただ無責任ななぐさめを言っているだけだからです。

**徹**　すみません。ちょっと話題戻すんですけど、「優良」は「快」と重なりあいやすいというさっきの先生の説明、半分しか当たってないような気がします。

**先生**　ふむ？

**徹**　ある人が何かを「優良」と判断するとき、その何かがモノだったらそう判断した人は、「快」を感じるから問題ないと思うんですけど。

**先生**　たとえばよく熟《う》れたリンゴを食べてみて、やっぱりうまいと感じるときのように？

**徹**　はい。でも「優良」なのがヒトだったらどうですか。たとえば僕《ぼく》が亮太とプロレスやったらこてんぱんにやられると思うけど、そのとき僕は亮太の力の「優良」を認めざるをえないですよね。でもそれで、僕が「快」を感じるかと言ったら、むしろ、悔《くや》しくて亮太に恨《うら》みを抱《いだ》くと思うんですよ。亮太自身は自分の力が証明できて「快」を感じるかもしれないけど、相手の「優良」を判断している僕のほうは「不快」になるかもしれない。その食いちがいをどうしたらいいのかと思って……。

**亮太** すげえ。よくそんなこと考えるな。逆にそういうこと考えられる徹みたいな頭いいやつ、オレすっごくウラヤマしくて恨み抱くと思うよ。

**先生** なるほど。いや、感心しました。たしかにその通りだね。では、その問題を真剣に考えてみましょう。じつを言うと、倫理の授業にとってこれはとても重要なテーマです。

## 強い者こそが「よい」？

**先生** これは、まだ話していなかった道徳的な「善・不善」と、「優良・劣悪」との関係の問題にからむのだけれど、さっきとは別の哲学者で、ニーチェという人がいます。彼はこういうことを考えました。

もともと「よい・悪い」というのは、「優良・劣悪」をあらわす言葉だった。そしてこの言葉をつくった人たちは、自分たちが力の強さを示すことができて誇《ほこ》りを感じたり、偉大なものに触れたりしたときに、「これは優良で高貴《こうき》だ。よいことだ」と認めあったというのですね。

ところが、強い人たちがいれば、当然それに負けてしまう弱い人たちがいます。そういう弱い人たちが、自分の存在価値を自分で認めるにはどうしたらいいのか。殺されちゃったら問題外だけど、昔は生き残ったらたいてい勝った勢力の奴隷《どれい》にされてしまいました。では奴隷は何を「よい」としたらいいのか。誇りを失ってとても惨《みじ》めな気分ですよね。うち負かされた相手にたいする恨みや嫉妬《しっと》がどうしても消えない。そこで彼らは考えた――と、この哲学者は言います――力にまかせて私たちを負かしたあいつらこそ「悪い」人種なのだ。私たちこそ争いを嫌い平和を愛する「よい」人種であって、神が祝福してくれるはずだ、と。

こう自分たちに言い聞かせることで、この負け組の人たちは、自らなぐさめを見いだした。そうして、この考え方がだんだん広まって、もともとの「よい・悪い」の意味が、まったくちがった意味にすり替えられてしまったというのですね。

ちがった意味にすり替えられたという言い方で、この哲学者が何を言おうとしているかわかりますか。つまり、もともと「優良・劣悪」という意味だったはずの「よい・悪い」が、負け組のひねくれた知恵のおかげで、道徳的な「善・悪」の意味にひっくり返ったということです。

それ以後、世の人々は、弱い者に同情や憐《あわ》れみを示すような道徳的な意味での「よい」ことばかり称賛《しょうさん》するようになった。そして、だれも「強いこと、優良であることこそよいことだ」などと表向き言えなくなってしまった。これは、劣悪な者たちが負けた恨《うら》みを晴らすためと自己保存のために仕組んだ一種の巧妙な詐欺《さぎ》である。こうした詐欺によって道徳とか正義とかいうものができあがったのだと、この哲学者は言いきったのです。

これはかなり当たっているところがあるのですね。

**沙織** なんか、すごい考え方。でもホンネを言ってるみたいにも思える。

**亜弥** あたし、けっこうそういう考え方する男に惚《ほ》れちゃうかも。

**先生** でも亜弥さん、この哲学者は変人扱いされて全然モテなかったんですよ。

**沙織** 亜弥、やっぱ男選びは慎重《しんちょう》にしたほうがいいぞ。

**徹** その人は、弱肉強食《じゃくにくきょうしょく》をそのまま認めろと言ってるわけですか？　世の中なんて力のあるやつが勝てばそれでいいんだ、道徳なんかいらないんだと。

**先生** そこは微妙です。そうも読めるところがたしかにありますね。ただそう単純ではないので、この哲学者がなぜそういう過激《かげき》なことを言ったのか、きちんと押さえておく必要があります。ここにはたぶん二つ理由があると思います。

一つは、弱い者に同情や憐れみを寄せるような道徳だけがこの世の中を支配していると、たいていの人はそれに便乗《びんじょう》して、自分自身を弱い者に仕立てあげ、いつも他人のおこぼれにあずかろうとするようになってしまう。それは精神的に奴隷や乞食《こじき》の身分に進んで甘んじるようなもので、人間として堕落《だらく》じゃないか、と言いたかったのでしょう。

それからもう一つは、「よい・悪い」を道徳的な「善・悪」の意味だけに限定してしまうと、そのぶんだけ「強い」とか「高貴だ」とか「優良だ」といった価値が軽視されるおそれがありますね。そうすると、やがて人々の生きる意欲や活力や躍動感《やくどうかん》が減退《げんたい》してしまう。そういう平板《へいばん》でつまらない社会になったら、人類はおしまいではないか、と。

こういうことをこれだけはっきりと、しかも本気で言った人はほかにいないのです。あんまり本気だったので、生きてるうちはほとんどだれにも受け入れられないで、とうとう頭が狂ってしまいました。

**亮太**　やっぱ哲学者ってバカだ。両方の「よい」を適当にとっておけばいいじゃん。

**先生**　そうかもしれませんね。でも、本当はこの人も、道徳なんかいらないと考えていたんじゃないのです。弱い者を救う（甘えさせる）ための道徳だけではなく、人間自身をもっと誇り高く強い存在にするような、別の価値観にもとづいた道徳をうちたてるべきだと考えていたようです。その意味ではとても「倫理」的な人だったのですね。

私も、いわゆる道徳的といわれている態度のうち、**弱い者に同情を寄せるような態度ば**

**かりを強調するのはあまりよくない**と思っています。**人よりも優れていること、強いことを心からほめたたえる態度、また自分自身が人から本当にそう評価されるときにはそれを誇りに思う態度も同時に必要**だと考えます。それはうまくはたらけば、おたがいがより高い者になろうとする意欲をかきたてるからです。

このことは、弱肉強食をただそのまま認めるのとはちがいます。強く豊かな者は、その精神を満ちあふれさせることによって、自然に他の人々にとってのモデルになり、生きる力や困難を克服《こくふく》する力をかきたてる効果があるからです。

しかし先ほど徹君が疑問を出したように、例の哲学者の主張には、たしかに弱肉強食がこの世の現実なのだ、強い者こそが「よい」ということなのだ、と開き直っているようなところがあります。

でもこの考え方だけで倫理の問題を押し通してゆくと、本当に人が幸せな生き方ができるのかというと、これもはなはだ疑わしい。つぶされてしまう人はもちろんのこと、つぶすほうもしょっちゅう、より強くなろう、勝ってやろうと緊張《きんちょう》ばかりしていなくてはならなくなる。あまりに孤独になりすぎて、おかしくなってしまうかもしれない。また、実力もないのに変な「強がり」がやたらのさばる可能性もあります。

弱肉強食をただそのまま認めてしまうと、どういうことになるかというと、動物はそれでかまわないのですが、人間同士の場合は自滅《じめつ》の道をたどるほかないと思います。

人間には、動物にはない異様な執念《しゅうねん》深さと、その執念を実現させようとするとんでもない知恵が備わっています。だから、負けたほうも、そのまま黙っていることはなくて、必ず復讐《ふくしゅう》してやろうと考え、そのための武器を次々に発明していきますね。それで競争が続いて、ついに核兵器とか生物化学兵器とかをつくってしまいました。

これをたがいに使いだすと、「弱肉強食」の結果としての適者生存《てきしゃせいぞん》にはならなくて、「強肉強食」の結果としての全滅に近い状態にまで衰弱《すいじゃく》してしまうでしょう。そうなってからでは別の道徳が必要だの何だのと言っても、何にもならないですね。

## 共存を心がけることが「善」

**先生**　さて、この辺で「よい・悪い」の話をまとめましょう。
「よい・悪い」には、だいたい、「快・不快」、「善・悪」、「優良・劣悪」というたがいに異なる三つの意味があると言いました。はじめの二つは、一人の個人のなかでなかなか重ならない、後の二つは、人の受けとめ方によってたがいに相反《あいはん》してしまうことがある、一番目と三番目も立場がちがうと反対に感じられることが多い。

ところで私たちは、多少とも他人とかかわって生きていかざるをえないので、そこで何とか共存していくためには、これらの「よい・悪い」のくいちがいを、なるべく調整しなくてはなりません。それには、二つの態度が必要です。

**一つは、自分の快が他人にとっても快と感じられるような行動をとるように訓練すること、二つめは、他人の優良や快が自分にとっての不快にならないようにある程度まで自分を抑《おさ》える訓練をすること。**

しかし、これらは、多くの人々にとって別にそれほどむずかしいことではありません。

まず一つめですが、これはみなさんが訓練をする前に、人類史を通して、かなり社会全体のしくみとしてできあがっている部分があります。

いちばんわかりやすいのは、前に出した例ですね。ほしいものを買うと、売った人もお金がもうかるので、両方にとって「快」につながるというしくみです。ただしこれには、いい条件に恵まれてうまく売った人だけがもうけて、それができなかった人は貧しさや不快を抱えてしまうなど、いろいろと問題も多い。その問題を根本から解決するうまい方法はまだ見つかっていません。

それから二つめですが、これは、勝ち組と負け組の差があまりに大きい場合には、その差を調整する工夫が必要になってきます。しかし、たいしたことがない場合には、負けたほうが恨みの感情など抱きつづけず、相手の優良さを潔《いさぎよ》く認めるとともに、あきらめて次のチャンスや他の方法を考える態度が大切です。

でも、いま話したように、これら二つの訓練は、社会秩序がしっかりしているところでは、ある程度までは社会のしくみそのものがすでに支えてくれています。また、まともな家庭で育った人なら、小さい頃からしつけられたりして、気づいてみたら、ふつうにできてしまっていることです。つまりそれが、前回話した「善」の実現であり、道徳的であるということなのです。

私は、**道徳というのは、なにも積極的に立派な人になるための教えではない**と思っています。それは、自分が必要としている身のまわりの人からなるべく疎《うと》まれずに生きていくためにしょうがなく身につける共通の態度にすぎないのです。身のまわりの人からあまりに疎まれると不幸せになるという傾向をほとんどの人間は抱えていますからね。

ですから、とくに選ばれた人でないかぎり、善の実現のためにやるべきことは何かとか、無理をしてまで強くなってやろうとかあまり考えなくていいと思います。道徳というもののいちばんの勘所《かんどころ》は、**人と人とがたがいに共存しようと心がけることが**、**結局はそれぞれの人の快に結びつく**という事実をよく悟《さと》るところにあります。

これで「よい・悪い」の授業を終わります。

第4回目

# なぜ「道徳」が必要なんだろう？

**先生**　今回は、前回の最後に少し触れたことを引きついで、なぜ道徳が必要なのかについて再び話します。結論は前回もう言ってしまったのですが、今回はなるべく具体的な例を通して考えていきましょう。でもその前に、準備として、人間とはいったいどういう存在かということを簡単に押さえておきたいと思います。

## 「心」ってなんだろう？

**先生**　人間という字は「人の間」と書きますね。この言葉は、一人の人格をあらわすと同

時に、人があいかかわりながら住んでいる世界全体をもあらわします。「あいつはなかなか人間ができている」というときは前者、「人間なんてはかないものだね」というときは後者です。人間とはいったいなんだろうと考えたとき、この両方の意味を同時に念頭《ねんとう》におくとわかりやすいのです。

まず人間は、「心ある存在」ですね。では、心とはいったい何で、それはどこにあるのでしょうか。

みなさんは、個人として別々の体をもっているから、それぞれ独立してこの世に存在していると思っているでしょう。体だけではなく、心も別々に存在していると。

事実、相手がいま何を感じているか、考えているかは、言葉とか何かの表情とかを示してくれなければわかりませんね。言葉で表現しても、何が言いたいのかわからないことが多い。それで、心というものは、どうしても一人ひとりの体の中に閉ざされて独立に存在するというふうに思えてしまいます。あなたの気持ちはあなたの気持ち、私の気持ちは私だけの気持ち、両者の間には、通じあえない溝《みぞ》がある、と。

これはもっともな話です。

しかし、このふつうの考え方が、必ずしも正しいとはかぎらないのです。ここで、いくつかの角度から説明してみます。

まず第一。心はそれぞれの体に宿《やど》っているというけれど、ある人の脳や心臓をどういうふうに解剖《かいぼう》してみても、その人の「心」がここにある、という事実は確かめられません。前にも言いましたが、「心」とは、目の前にある机のように、ある場所を占めて「ある」ものではないのですね。

第二。私たちは「人の心は外側からはわからない」としきりに嘆《なげ》くけれど、本当にそうでしょうかね。相手の体の向こう側に何か「心」というものがはっきりとあるはずだと思うから、かえって「ああ、わかりたい、でもわからない」と思いこみすぎてしまうのではないでしょうか。「心」と呼ばれるものが、机のようなあり方とは全然ちがうあり方をしていると考えれば、むしろ、机をとらえるようなかたちでわかろうとしてもわかりっこないのは、当たり前ではないでしょうか。

机はここにはないけれど、隣《となり》の教室に行けばある。そう思えるのは、「机」と呼ばれるものが、ある物質的なあり方をして存在しているという確信が私たちにあるからです。でも、「心」について、そういう確信があるでしょうか。

ないはずですね。ないはずなのに、机みたいに「ある」と思いこんでしまうので、相手や自分の体のどこかにあるはずだと思って探そうとする。でもそういう探し方では見つかりっこないのですね。なぜなら、「心」というのは、机のようなあり方をしていないからです。

では「心」は、どんなあり方をしているのでしょうか。これはとてもむずかしいのですが、とりあえず、**「心」というのは、「作用」だ**と考えればいい。作用というのは、たとえば、車が走っているときに、その「走っている」という事実そのものです。

走っている車は机と同じようにそこにありますが、走っているという「事実そのもの」がどこにあるかと考えるのは意味がありませんね。だから「心」も、決まった場所をもたないのです。

**徹**　でも先生。僕が喜んでいるという心の作用と、亜弥が悲しんでいるという心の作用のちがいがある以上、その二つはちがう場所で作用していると考えるほうがいいんじゃないですか？

**先生**　それはその通りですね。二台の車が別方向に走っているようにね。でも、その問題はこのあとで考えましょう。とりあえずいま言っているのは、一つの体の中のどこかに「心」なるものが場所を占めていると考えるのには無理がある、という話です。

第三。で、人の「心」は外からは見えないと言うとき、それは、どういう作用をしているかがわからないということを意味しますね。ところが、わからないという言い方がなりたつのは、その前に「わかる」という事実がまずあるからです。その点では、「机がそこにない」というとき、机というものがあるという事実をまず私たちが知っているからこそ、そう言えるのだというのと同じです。

　では、ある心の作用が「わかる」という事実は、どういうふうに実現しているでしょうか。これはじつは、いたるところ、いたるときに実現しているのです。

　たとえば、いまみなさんがこうして「倫理」の授業を受けるために集まってきている。そのとき、みなさんは、この同じ教室にいて、同じ教師からあるテーマについて聞いていると理解しているでしょう。

　もちろんそんなことは当たり前で、とくに意識しません。でも、この共通点をだれもが共有していることをみなさんが同じように理解しているなら、その理解は、まずもっとも基本的なところで、おたがいの心の作用がわかっているということを意味するのではないでしょうか。

**康介**　でも、先生の話、はっきし言って、むずかしいっすよ。

**先生**　それはいま言ったのとはまた別のことだよ。私の話の内容がわかると感じる人もいれば、わからないと感じる人もいる。これは当然です。でもわからないと感じる人も、いまみんなで同じ場所にいて同じ人から善や悪についての話を聞いているという事実そのものは、わかっているでしょう。どこのラーメンがおいしいかという議論をしているのではないことはみんながわかっていますよね。

この事実そのものをわかっているということが、心の作用としてまずあるのです。私の話の内容がわかるかわからないかは、もっと次元のちがう、その次の問題です。

別の例で考えてみましょう。文化祭の準備で亜弥さんが、机を運ぼうとして持ちあげたけれど、重くて一人では持ちあげられずに困っている。その様子をそばで見ていた亮太君が、手伝ってあげようとして、別に言葉をかけるでもなく手を差しだしたとする。それは、亮太君が亜弥さんの心の作用がわかったということではないでしょうか。

言葉を使った場合の例でもいい。沙織さんが、学校から帰ってきてお母さんに「ただいま」と声をかけた。お母さんは、沙織さんに「お帰り」と答えた。このとき二人の間には、ある心の作用がはたらいていて、そこに「わかる」ということが実現しています。沙織さんとお母さんとは、沙織さんが学校から家に帰ってきたという事実認識を共有したのですからね。

康介君が彼女とデートしたいと思って彼女の携帯にメールしたとする。そして康介君と彼女は、何日の何時にどこで会おうと約束した。そうしたら、康介君は、自分の気持ちがひとまず彼女に通じてうれしいよね。そのとき、「未来について約束した」という「わかり」が、二人の間で実現しているでしょう。

**康介**　オレ、彼女いないよ。それに好きな子にメールしたって、ことわられちゃうかもしれないじゃん。

**先生**　そうか。彼女ができるといいね。でもまあ、いたとしての話だよ。それにね、たとえことわられた場合でも、それは、ことわった、ことわられたというかたちで、共通の「わかり」が実現したことになるんだよ。残念な「わかり」だけどね。

　ともかくこのように、**私たちの生活には、無数の「わかる」ということが何げないかたちで充満している**のです。その充満は、おたがいの心の作用によって成りたっています。そして**「わかる」が充満しているからこそ、ときどき「わからない」という事実が、人々の心の作用の間で吹きだしてきて、強く意識される**のです。それはちょうど、空気のなかに風の加減でときおり真空《しんくう》ができてしまうようなものです。

　亮太君が、亜弥さんの気持ちをその先までわかったつもりで、手助けして持ちあげた机を、廊下《ろうか》のほうに引っ張っていこうとしたら、亜弥さんが「ちがうよ、これは教室の後ろ」と言ったとするね。そうすると、亮太君は、はじめの亜弥さんの気持ちはわかっていたのだけれど、その先についてはわかっていなかったことになる。

　沙織さんがお母さんにかけた「ただいま」という声のなかに、お母さんは何となくいつもとちがう元気のない様子をかぎつけたとする。それで心配になって、何かあったのか聞

いてみようかと思ったけれど、いきなり聞くとかえってカタツムリの角《つの》みたいに引っこんじゃうんじゃないかと思って、ちょっとタイミングを見計《みはか》らうことにした。そのとき、沙織さんの心がお母さんにはわかっていないという事実がはじめて出現したことになるね。

康介君がメールしたときに、彼女はちゃんと約束してくれたのに、当日来てくれなかったとする。そうすると、やはりそのとき、康介君にとって彼女の気持ちがわからないという経験が一気に襲《おそ》ってくるわけだ。

いま、相手の心が「わからない」場合を、はじめの「わかる」場合に沿って順に取りあげました。ここで言いたかったのは、「わからない」場合というのは、ごくふつうに相手の心がわかってやりとりしているという無自覚的な土台があってはじめて成りたつということです。

そこで、心の作用というものはどのようなしかたではたらいているかという話に戻ります。

先ほど徹君が言ったように、たしかに人の感情とか欲求とか意志とかいう心の作用は、個別ばらばらに芽生えて、しかもそれぞれ別個のかたちで発展していくかたちをとります。でも最初から最後まで別個かというと、そういうことはむしろ少ないのです。どうしてかというと、いっけん人には見えないようにはたらいている一人の個人の心の作用は、ある強度をもったとき、必ず他の人への表現としてこぼれ出すからです。それが「わかる」ということですね。

もちろんそこには誤解《ごかい》の余地《よち》も山ほどあります。けれど、よーくいろいろな事態、とくにふだんあまり意識していないような「わかり」の状態にスポットを当てて公平に比較してみると、誤解ではない場合のほうがずっと多いことに必ず気づくはずです。言葉だけではなく、身振り手振りや表情、ある人の体全体の動き、車のウィンカーを点滅《てんめつ》させる人や船の汽笛《きてき》を鳴らす人、チームプレーをしている仲間同士の呼吸の合いかたなど、ことがスムーズに流れている場合をいろいろ思い浮かべてみてください。

たしかに、亜弥さんがだれもいないところで一人で悲しんでいるという状態を、はじめのうち相手の人は気づかないでしょう。でも、私はこう思うのです。亜弥さんが悲しいという感情を一人で抱いたというそのこと、それはまず自分に向かっての発信であり、そしてそのこと自体が、もう他人への発信の準備態勢なのです。

以上のことで、私が何を言いたかったかわかりますか。

**智子**　人はだれもが本当はわかりあえるはずだとか……。

**先生**　そう言いたいところなのですが、残念ながら、物事はそう簡単ではありません。どうしてもわかりあえないということもまた、この世にはたくさんありますからね。

ここで、はじめに話したことをもう一度思い出してください。一つは、人間というのは、「ひとのあいだ」と書いて、それには、一個の人格という意味あいと、人同士がかかわる世界全体という意味あいとの二つがあるということ。そしてもう一つは、心とは、どこかに場所を占めるような輪郭《りんかく》のはっきりした「もの」ではなく、「作用」であるということ。

そこでこういうことになります。「心」がどこまでも作用であって、個人のなかに閉ざされた作用すら他人への発信の準備態勢なのだとすると、**もともと「心」というものは、人と人との間ではたらくようにできあがっている**のではないか。そして、ここが肝心《かんじん》なところですが、それは機械のように固定したはたらきを示すものではなく、人と人とのそのときどきのやりとりのあり方にしたがって、どんどん発展したり変化したりするものではないか、ということです。

それはたしかに「作用」なのだけれど、理科で習う、地球の引力のような作用とはちがって、決まった法則のようなものはない。だれかが発信すると相手がそれを受けとる。受けとることも作用の一つ、つまり心のはたらきです。

だから、受けとり方そのものが、人によってさまざまでありうる。それで、ある受けとり方をした人が、今度は積極的に「心」をはたらかせてある作用を発信させます。その発信のさせ方もまたさまざまです。こうして「心」のはたらきかけあいは、無限に複雑な様相を呈《てい》してきます。

何ということもない例を一つあげてみましょう。たとえば亜弥さんが携帯画面に写っている自分の写真を見せたら、沙織さんが、「亜弥って写真写り悪いね」と言ったとする。これはほめ言葉だろうか、それともけなし言葉だろうか。

この言葉だけではどちらともつかないですね。まあふつうは、「実物のほうがよい」という言外《げんがい》の意味をにおわせているから、素直にほめ言葉と受けとればよいのでしょう。

でも亜弥さんと沙織さんとがその少し前にたがいに何となく気まずい気持ちをもってしまう出来事があって、その直後に沙織さんがそう言ったのだとしたら、亜弥さんは、素直に喜べるだろうか。また、とりたててそんなことがなくても、沙織さんの言い方とか、声の調子によっては、亜弥さんは沙織さんの悪意をかすかに感じとるかもしれませんね。それに、両方の性格にもよるよね。

こういう微妙さは、反対に「へえ、すごい可愛く写ってるじゃん」などと言った場合も同じでしょう。亜弥さんは、実物が悪いと言われているように感じるかもしれない。

亜弥さんにしてみたら、そのへんはなかなか計りかねる。それで余計《よけい》なことは言わないほうがいいと思って、黙《だま》ってしまうかもしれない。でも、会話の場面だから、たいていはとっさに何か言葉を返すことになるでしょうね。

「写真写り悪いね」の場合だったら、可能性としては、どんな言葉が考えられるかな。みなさん、ためしに考えられるだけあげてみてください。

**沙織**「よくそう言われるんだ」「えーそれ、実物のがマシってこと？」

**亜弥**「そうかな。これがたまたま悪いんだよ」「なんでなんで。自分じゃよく写ってると思ったんだけどー」

**智子**「ほめてんのか、けなしてんのか、どっちなんだー」

**亮太**「どうせ悪いですよ、実物が悪いんだから」

**先生**　はいはい。けっこう。もっといくらでも考えられるだろうね。で、こういういくつもの反応は、今度は、自分の言葉にたいして亜弥さんがどう感じたかを、沙織さんにいろいろと想像させるでしょう。「よくそう言われるんだ」とか「そうかな。これがたまたま悪いんだ」とかいった返事は、沙織さんが亜弥さんにかすかな悪意を抱いていたら、その口振りしだいでは、よけいその悪意を助長《じょちょう》させるかもしれない。何となく自分は可愛いと自慢《じまん》しているように聞こえないこともないからね。

逆にこういうことも言えますね。「ほめてんのか、けなしてんのか、どっちなんだー」とか「どうせ悪いですよ、実物が悪いんだから」とかいった言葉は、字面《じづら》だけなら挑発《ちょうはつ》的に聞こえます。でも、そのときの雰囲気しだいで、漫才のやりとりみたいにお笑いのほうにうまく流しているとも受けとれる。

まあ、ほんとは、こんなやりとりをおたがいおおげさにとること自体があまりよくないのだけれど、でもこの種のことは生活の中にいっぱいありますね。そして、あんまり距離《きょり》をつめて長く一緒にいると、ささいなことがだんだんささいじゃなくなってきたりする。つまり心と心の葛藤《かっとう》に発展してしまうわけです。

このようにして、「心」というのは、さまざまな人のさまざまな発信と受信の交互作用としてはたらくので、放っておくと、無限に多様なもの、無秩序なものにふくらんでいく可能性をもっています。それはまるで、もつれてほどけなくなってしまった網《あみ》のようです。これが人間の世界をたいへんやっかいなものにしています。

**道徳は、そういう「心」の作用が無秩序にもつれていく可能性にたいして、人類が自分で歯止めを与えようとしてきた努力の跡《あと》**です。心の作用は自然法則のような必然性をもちません。つまりこうすれば必ずこうなるという固定した規則性がないのです。だから、各人の思いのままにしておくと、とんでもないことになってしまいがちです。

ここで言う「とんでもないこと」とは、たとえばたがいに傷つけあって、結局どっちも不幸せになってしまうとか、殺しあいを続けて、みんなでつくっている共同社会そのものの力を決定的に弱めてしまうといったことです。

だから、どの時代でもどの社会でも、そこで生きている人たちの生活感覚にふさわしい、ある「かたち」を与えて、一定の軌道《きどう》を示す必要があります。そのことに人類は、歴史上のどこか、たぶんとてもとても古い時代に自分で気づいたのだと思います。

道徳はどうして必要なのかという話のために、人間の「心」がどんなあり方をしているのかについて、まず説明しなくてはなりませんでした。

もう一度まとめると、「心」は一人ひとりの体の中に孤立して宿っているようなものではなくて、人と人との間ではたらく作用そのもののことです。こういう「間ではたらく作用」としての心の機能をもたなければ、人間とは言えません。

同じことを逆に言えば、そもそも人間とは、それぞれの体を中心点としながら、たがいに「間ではたらく作用」を交わしあう存在だということになります。この作用は、欲求とか意志とか感情とか呼ばれます。

ところがこの作用にはもともと決まった法則が与えられていなかったので、そこから多くの作用のもつれあいが生じることになりました。もつれあいをそのままにしておくと、結局、自分たちが損をしたり、自滅の道を歩んでしまいます。そこでそのもつれあいを調整するために、いろいろな道徳がだんだんと発明されていったのです。

もし「心」が一人ひとりのなかで完結《かんけつ》していて、たがいに没交渉《ぼつこうしょう》だったら、道徳はいらないでしょう。道徳は、ある共同社会に参加しているメンバー全員の「心」の見えない部分（内部）に向かって、守るべき共通の命令や禁止としてはたらきかけます。それは、「心」が複数の人間同士の間で作用するはたらきであればこそです。

## なぜ矛盾した「道徳」があるのか？

**徹**　先生はいま、いろいろな道徳がだんだん発明されていったと言いましたが、道徳のなかには、何だか相反《あいはん》するようなものがいくつもあって、どっちを守ったらいいのかわからないときがあると思うんですが……。

**先生**　たとえばどういう場合を考えているのですか。

**徹**　たとえば……すぐ思い浮かぶのは、たがいに争わずに仲良くしなくてはいけないという道徳と、闘う勇気をもたなくてはいけないという道徳。

**先生**　なるほど。ほかにだれか、そういうたがいに対立する教えみたいなのを思いつきませんか。

**亜弥**　でしゃばんないでおとなしくしてろっていうのと、もっと積極的に発言しなさいなんてのもあるね。あたし、小学生時代、親から言われてどっちにしたらいいんだって悩んだ憶えあるよ。

**亮太**　それって、徹が言ってるのとあんましちがわないんじゃねえの。

**先生**　たしかに似てるね。ほかには？

**康介**　そういえば、よくさ、テレビなんかで、大人になっても純粋な子どもの心を保ちつづけようとか言ってるけど、いっぽうで、いつまでも子どもじゃないんだからもっと大人になりなさい、とか言われるよな。ああいうのって、なんかムカつかない？

**沙織**　「自由に個性を伸ばしてのびのびと生きなさい」と「規則はとにかく守りなさい」なんてのも困るよね。

**智子**　ケチらないで気前よくしなさいっていうのと、倹約《けんやく》を勧《すす》めるのなんかも矛盾《むじゅん》してくる場合があるね。あと、ことわざなんかでも「人を見たら泥棒と思え」っていうのと「渡る世間に鬼はない」とか、「君子《くんし》危《あや》うきに近寄らず」と「虎穴《こけつ》に入《い》らずんば虎子《こじ》を得ず」

……どっちを信じたらいいのかわからない。

**沙織**　さっすが、国語の天才。

**先生**　ずいぶん出ましたね。でも、みんなが出してくれた例をよーく見くらべてみると、何となくどれも似たようなところをぐるぐるまわっているように思えます。これはいったい、どういうふうに整理したらよいのでしょうね。また、うまく整理できたとして、どっちを選んだらよいのでしょう。

ちょっとまわり道をしてみましょう。

みなさんは、もうじゅうぶん感じているでしょうけれど、大人というのは、じつはこういうたがいに食いちがう教えを、時と場合に応じて使い分けているんですね。そこに大人のずるさを見いだすかもしれません。

たしかに大人はずるい動物です。しかしこれから大人になっていくみなさんは、「大人はずるい」とただ批判していてもダメだと思います。

どうしてダメかというと、「大人はずるい」という批判は、自分を「純粋な子ども」という立場に固定してしまうからです。この「純粋な子ども」というイメージは、じつはあまり賢くない一部の大人が自分たちで勝手に思い入れしてつくったものなんですね。

もちろん、子どもには大人から見て純粋な部分もありますが、早くも三歳くらいから、そうでない部分もたくさん抱えるようになります。みなさん自身、自分が「純粋な子ども」だなんてとても思わないでしょう。ですから、一部の大人がつくったこの一種の呪文《じゅもん》みたいなものに、あまり自分を重ねあわせてものを言わないほうがいい。

この立場に自分をいつまでも固定して何かを言おうとすると、第一に、自分がいつかは大人になってしまうという避けられない道との間に矛盾をきたしてしまいます。それから

第二に、なぜ大人はそういう対立する教えを時と場合に応じて使い分けているのかという、その理由を考えさせなくしてしまいます。

ともかく否《いや》が応《おう》でもみなさんは大人にならざるをえません。ですから、良し悪しはともかくとして、**なぜ大人ってのはみんな二枚舌《にまいじた》みたいなずるさを抱えこむことになるのか**という事情だけは、知っておく必要があると思います。

それは、簡単に言うと、**大人になればなるほど、いろいろな関係を背負いこまなくてはならなくなるから**です。みなさんが学校を卒業して就職したとする。恋人ができて結婚することになった。それから子どもが生まれて親になった。こういうごく当たり前の人生コースを考えただけでも、みなさんは生活の個々の場面でいろいろな使い分けの態度を身につけなくてはならなくなります。

たとえば、職場というものは、だいたいが組織で成りたっていますね。組織には、当然、上司《じょうし》、同僚《どうりょう》、部下《ぶか》といった関係があります。これは一緒に仕事をしていくうえで、欠かすことのできない関係です。チームワークをうまく実現させるためには、リーダーや責任者が必要ですし、そのリーダーの指揮《しき》に従ってみんながそれぞれの役割をまっとうする必要があります。

たとえばみなさんが、こういう指揮命令系統の真ん中あたりにいたとしましょう。すると、みなさんは、リーダーにたいする態度と、自分の同僚や部下にたいする態度とをどうしても使い分けなくてはならない。これは、リーダーにたいしては卑屈《ひくつ》になり、部下にたいしては威張《いば》れ、という意味ではありませんよ。

　みなさんは部下であると同時に上司でもあるわけですね。部下の立場で上司の指揮《しき》を適切に受けとめるためには、とりあえずその上司が何を自分に期待しているのかを知ろうという受け身の態度が必要とされるでしょう。しかし自分が部下にたいするときには、部下の立場やその適性などに配慮することが必要とされます。また同時に、自分の責任で相手の行動を方向づけるために、あるところまでは踏みこんだ能動的なリーダーシップを発揮《はっき》しなくてはならない。二つの態度はおのずとちがったものになるはずです。

　また、上司の意をただそのまま下に伝えればいいのかというと、そうではありません。ある部分は自分の胸だけにたたんで伝えないようにする、といったことが必要なときもあるでしょう。部下から上司へ、という逆の順序の場合も同じですね。

　おまけに、人間関係は機械の作用とはちがって、生身の肌《はだ》あいや感情的なからまりが必ずともないます。上司にたいする不満を抱くことなどは日常茶飯《さはん》事です。そういうときに、相手にその不満をただストレートにぶつければいいかというと、そうではありません。いっぽうで同僚や部下の意向《いこう》をそれとなくさぐるといったことも、ときには必要になってき

ます。

ちょっとことわっておきますが、いまの例で、私はみなさんに「大人の処世術《しょせいじゅつ》」を教えようとしたのではありませんよ。人と交わって仕事をしていくということには、どう避けようと思っても、こうしたことが必ずともなうと言いたかっただけです。

また別の場面を考えてみましょう。たとえば仕事を続けているうちに、異性の同僚の間で恋愛関係が生まれたとしますね。そうすると、多数の人たちに混じって仕事をしながら、いっぽうで、二人だけの時間を早くもちたいという欲求が強くなってくるでしょう。でも、仕事をしているときには、そういう感情をあらわに出すことは控《ひか》えなくてはならない。ひそかに約束を取り交わして、仕事から離れた時間帯でふたりっきりになるという使い分けが必要になってきますね。

そして、こういう使い分けをした場合、多くの人に交じって仕事をしているときにとっている態度と、二人だけになったときにとる態度とは、相手が同じなのにずいぶんちがったものになることにも気づくと思います。

こういう態度の使い分けは、学校という空間で集団生活をしているみなさんのなかにだって、もうある程度は経験ずみの人もいるでしょう。好きな人への感情や行動って、特別で、秘密にしておきたいものだものね。やたら人前で公開すべきものではないでしょう。

さらに、家庭をもった場合を考えてみましょう。たとえば私は結婚していて二児の父親です。でも、こうしてみなさんに講義しているときには、「先生」という立場上、みなさんにできるだけ公平な態度で臨《のぞ》もうとしていますし、感情的にならないようにしようとしています。また、いかにも理性を備え、ものがよく見えているかのように振る舞っていますね。

それはやっぱり仕事モードになりきっているからです。そうして、もしみなさんのなかにいじめなどの問題行動が見られたりした場合、指導する立場にいる第三者として、なるべくよく考えた冷静な対応をとらなくてはなりません。

でも家に帰ると、夫であり、父親です。そうすると、家庭というのは、だいたい外でとっている建て前を捨ててしまう場所ですから、妻にたいしては気をゆるめて、仕事の愚痴《ぐち》を平気でこぼしたりします。妻も仕事をもっていますから、私にたいして同じような態度をとります。

また、二人の子どもにたいして公平な態度をとっているかというと、それぞれの子どもの年齢や個性のちがいがきわだっていますから、公平な態度を貫くことなどできない。そして、親子関係に特有の私情がからむので、いつも冷静であることもできません。うまく育ってくれるかどうか、心配や不安を抱えてしまいます。また、自分の子どもだけが可愛いくて大切だという感情からも自由になれません。ですから、そのぶんだけ、外にたいしては、自分の家族中心に振る舞うことになります。

以上のように、大人になるということは、そのまま、いくつもの相矛盾《あいむじゅん》する関係を抱えこむことを意味します。それで、「純粋な子ども」という立場をタテにして大人を批判的に眺《なが》めようとすれば、当然、大人はみんな、二枚舌で、ダブルスタンダード（異なる規準）で、言っていることとやっていることとが矛盾していて、ずるい、ということになるわけです。

しかし、繰り返しますが、「大人はずるい」という批判的な観点にいつまでも立つことは、同時に自分をいつまでも「子ども」の位置におくことを意味します。でもやがてみなさんも大人にならざるをえないのだから、いつまでも「子ども」の位置に開き直っていると、当然無理がかかってきますね。

「子ども」というのは、たとえば、悪いことをやっても大人ほどには法律上の責任をとらなくてよい存在のことを意味します。でもそのかわり、やってよいとされていることに関しては、大人よりも制限される存在でもあります。どちらか一方だけということはないのですね。つまり、大人の保護を受けられる分だけ無責任が許されるのですが、反対に、大人と同じだけの権利をもつことはできません。

この、法律にかかわる話は、あとでもっとくわしくしようと思っています。さしあたりここでは次のことを言っておきます。

みなさんは、いま、子どもから大人になっていく途中にいるわけですから、ただ自分は子どもだと思うのではなくて、その「途中にいる」ということの独特のむずかしさをよく見つめないといけません。「途中にいる」存在には、おそらく、「大人のずるさ」がいちばんよく見えるのだと思います。さっきの康介君の発言などは、その典型的なものだったよね。

では、どうしたらよいか。

私の個人的な考えでは、「大人のずるさ」、つまり場面に応じた使い分け感覚を身につけていきながら、それを、おたがいの関係をより好ましいものにするためにうまく利用していくというのが理想の生き方です。

これはどういうことか、具体的に言ってみろと言われると、なかなかむずかしい。でもみなさんが大人になって、実際にさっきあげたようないろいろな場面におかれると、私が勧めているのがどういうことか、必ず実感できるはずです。

いまのみなさんの段階でも、たとえば部活で部長や副部長をやっていて、部員同士のトラブルを解決しなくてはならない立場に立たされたときなど、当事者の双方に誠実に振る舞おうとして、引《ひ》き裂《さ》かれてしまうことがあるでしょう。でも、最終的にはどこかに妥協《だきょう》点を見いだして調整しなくてはならない。そういうとき、使い分け感覚をうまく利用することが要求されるはずです。

**康介**　先生、「大人のずるさ」を身につけるのも、道徳なんすか。

**先生**　それ自体は道徳ではないだろうね。むしろ知恵と言うべきでしょう。そしてその知恵をもとにして、いろいろな道徳が築《きず》かれてきたと考えればいいんじゃないかな。

要するに道徳というのは、「おたがいの関係をより好ましいものにする」方法の一つなのです。だからいろいろな教訓のなかには、いっけんどっちが正しいのかわからないようなものが含まれることになります。

それは、みなさんの一人ひとりが背負わなくてはならない現実社会の複雑なあり方をそのまま反映しているからです。なので、どの教えに従ったらよいのかは、文字通りケースバイケースです。

たとえば、徹君があげた、「たがいに争わずに仲良くしなくてはいけないという道徳と、闘う勇気をもたなくてはいけないという道徳」。これは、どういう場面や状況におかれているかによって、どちらを選ぶかがだいたい決まってくるはずです。

自分の属する集団が、自分にとってとても価値あるものであり、これからも存続してほしいと思うとき、なるべくなら前者を選ぶべきでしょう。しかし、自分の属する集団にとっての共通の敵が迫ってきたときや、集団が自分にとって明らかに不当と思える圧迫を押しつけてきたと思えるときには、後者を選ぶべきでしょう。

## 「道徳」には焦点が二つある

**先生**　さて私は、たがいに矛盾するように見える教訓についてのみなさんの先ほどのやりとりを聞いていて、次のように整理できるのではないかと感じました。

　みなさんのあげた例は、何となく似たようなところを中心にして、ぐるぐるまわっているような気がすると言いましたが、もう少し適切なたとえで言ってみましょう。

　楕円《だえん》というのがありますね。円には中心が一つしかないけれど、楕円には焦点《しょうてん》が二つあります。太陽系の惑星のほとんどは、太陽を一つの焦点とした楕円軌道をめぐっています。社会というのは、この楕円の何重もの渦《うず》のようなものです。そしてその焦点の近くに、秩序を支える道徳が控《ひか》えていると考えられます。みなさんの話も、二つの焦点のまわりを楕円のようにめぐっているという印象でした。

　この場合、二つの焦点とは何かというと、社会のなかで生きていく人間にとって必要な

二つの理想です。一つの理想は、しっかりした人格をもった個人として自立すること。そしてもう一つは、たがいに妥協できるところは妥協し、共存共栄できる関係をつくっていくこと。この二つは、見かけほど対立しているものではありません。むしろ相補いあってはじめて、よりよい社会というきれいな楕円が描けるのだと思います。

この二つの理想は、どちらが強すぎてもバランスを欠いて、きれいな楕円が描けずに歪《ゆが》んでしまいます。前者の理想が強く主張されすぎると、「わがまま」が前面に出てきて衝《しょう》突《とつ》が起こり収拾《しゅうしゅう》がつかなくなる。後者の理想が強く主張されすぎると、「厳《きび》しい掟《おきて》」ばかりが前面に出てきて、それに従わない個人はつぶされてしまう。

要するに、この世には、**個人の自立にとって必要な道徳**と、**共同性の存続にとって必要な道徳**の二つがある。両者は論理的に突きつめると矛盾してしまうように見えるのだけれど、でもやはりどちらも必要だ、という結論になるでしょうか。みなさんがあげた例のどちらがどちらに属するかは、それぞれで考えてみてください。

今日の授業はこれで終わります。

第5回目

# 「愛する」ってなんだろう?

**先生**　前回は、人間の心というものがどんなあり方をしているかからはじめました。そして、それが人と人との間ではたらく無数の作用の交錯《こうさく》であるために、やっかいな問題を生みやすい。だからその交通整理のために道徳が必要とされるのだという話をしました。

今回は、そうした心の作用のなかでも、とくに重要なはたらきである「愛」について考えてみましょう。

この言葉は、だれもがいちばん大切にしたいと思っている反面、実際には、人によってそのイメージがちがっていて、とても混乱して使われていますね。やはり整理が必要なようです。

みなさん、「愛」という言葉は好きですか、嫌いですか。愛があったらすごくいいと思いますか。

**亜弥**　好き。愛されるために愛したいでーす。

**沙織**　あたしも好き。自分に合った愛ってどういうのか、追い求めたいと思います。

**康介**　うーん。好きだけど、オレはとくに自分から強く求める気はあんましないな。

**智子**　わたしも好きだけど、手に入れるのがとてもむずかしいと思います。自分には人を愛する力があるのかどうか、不安です。「愛すること」と「愛されること」もすごくちがうような気がするし。なかなか長続きしないみたいだし。

**先生**　亮太君は？

**亮太**　嫌いじゃないけど、なんかクサくて恥ずかしいっすよ。

**先生**　徹君は？　黙ってるけど。

**徹**　……さっき先生が言ったように、何を「愛」と呼ぶのかがはっきりしていないと思うので、好きとか嫌いとか一概《いちがい》に言えません。それに、僕の親戚《しんせき》で、「愛しあって結婚した」って言われてた人がいるのに、なんかうまくいかないですぐ離婚しちゃいました。智子が言ったみたいに、「愛」って、ヘタすると反対になっちゃうんじゃないかなと思うと、ちょっと怖いです。

**先生**　みなさん、中学生なのになかなかよく見つめてますね。私がわざわざ話す必要はないかもしれません。それに、このテーマは、話題にすると、ほんとに人それぞれで思惑《おもわく》が食いちがってしまったり、知ったかぶりに陥っちゃったり、言わなくてもいいような恥ずかしいことまで言っちゃったりするんですよね。

　ですから、私も本音を言えば、避けたいテーマです。「愛」についてみなさんにえらそうに説教する資格などないのではないかと感じています。そのことを知ってもらったうえで、自分の考えを述べていきたいと思います。

## だれにでも「自己愛」がある

**先生**　まず、私たちは、どういうことを指して「愛」と呼んでいるのかという点について、共通了解をもっておく必要があります。この言葉のなかに人々はあまりに異なるいろいろな心のあり方を注《そそ》ぎこんできたので、誤解と混乱が生じていると思います。そこでここでは、数学の図形問題の証明のように、ゆっくり進んでみましょう。私の説明に疑問を感じたら、いつものように、ただちに異議《いぎ》をさしはさんでください。

　まず、「愛」と呼ばれているものが、人間が抱くある感情の状態だという点については、

問題ないですね？

次に、それは一般に、何かヒトとかモノとか、特定の「対象」を目指していて、そこに向かって体を動かしたり、心をはたらかせたりしようとする能動的な感情であると考えられる。そしてその能動的な感情は、その特定の「対象」を大切にしたいという性質をもっている。ここまで、いいですか？

**亜弥** 能動的って、ちょっと引っかかる。

**先生** というのは？

**亜弥** だって、愛って、愛そうと思ってできるもんじゃないでしょ。なんて言うか、向こうから愛せるような対象が自然にやってくるから、心が抑えきれなくなっちゃうのが愛なんじゃないの。

**先生** なるほど。ちょっと説明が足りなかったかな。自分で確かめられる気持ちとしてはその通りだね。情熱をあらわす「パッション」という英語は、受け身になってしまうというニュアンスをもっています。でも、いま能動的と言ったのは、それにとらえられたことが、そのままその対象に向かっての行動をうながす力になるという意味です。

ところで、奇妙なことなのですが、ここで愛の「対象」と言っているもののうちには、自分自身も含まれます。そういう場合、その愛を「自己愛」と言いますね。人間は、自分自身を「対象」にして、それを大切にしたいという感情を強くもつ動物です。

これが奇妙なことだという理由は二つあります。一つは、自分自身とはこれですというようにはっきり指し示せるわけではないのに、そのはっきりわからないものを「対象」としてしまうという点。それからもう一つは、人間以外の動物は、あまり「自己愛」と呼べるような感情をもたないように見える点です。

**智子**　イヌやネコは「自己愛」をもっていないんですか。

**先生**　それはよくわからないですね。ただ、イヌやネコも、お腹がすけば餌《えさ》を探すわけだし、危険が迫ってくれば逃げたり闘ったりしようとするから、「自己保存」の本能をもっているとは言えます。でもそれを「自己愛」と言えるかというと、疑問です。

というのは、彼らは、そういう生物的な必要がないときに、自己自身のことを気づかって大切にしようなどという感情をことさら抱いているようには見えないからです。もし彼らがそういう感情を抱いていれば、あのときあんなことをしてしまった自分がいまでも恥ずかしいという気持ちに陥ったり、自分をもっと向上させるためにいまの状態を改善する計画を立てたりするはずですね。イヌやネコって、そういう後悔とか、自己嫌悪《けんお》とか、羞《しゅう》恥心《ちしん》とか、克己心《こっきしん》とかあんまりもっていないでしょう。

**徹**　それは、イヌやネコは自殺しないということと関係ありますか。

**先生**　いいところに気づきましたね。大いにあります。自殺とか、リストカットとか、悪いとわかっているのにアルコールやクスリの中毒になってしまうというのは、人間だけに特徴的なことですね。これらは、「自己愛」がネガティヴ（否定的）なあらわれ方をした典型的な例だと思います。

つまり、**人間は、自分自身の過去や未来のことが気になってしかたがない、自分自身を大切にしたいという傾向がとても強い**存在です。そういう傾向が過剰《かじょう》になって裏目に出ると、いまあげたような人間特有の行為、つまり自傷行為に結びつくのだと思います。自分が哀れに思えてしかたがないので、その哀れな自分を抹殺《まっさつ》したいと感じるのでしょう。だから一種の「自己愛」ですね。

**亜弥**　「自己愛」と「ジコチュー」とはどうちがうんですか？

**先生**　「ジコチュー」というのも、やはり「自己愛」の一種だと思います。でもそれは、はたから見ていて、他人との関係をバランスよくとろうとしない振る舞いがあまりに多い人を、社会性がない人としてネガティヴに評価したときの言葉ですね。しかし「ジコチュー」かどうかは程度問題で、「ジコチュー」的ではない人はたくさんいますが、「自己愛」をもってない人は一人もいないと思いますよ。

さて、「愛」一般に話を戻しましょう。

**「愛」とは、何かある「対象」を目指し、その「対象」を大切にしたいと感じて、それに向かって自分の体や心を開いていこうとする感情のあり方**のことです。「対象」との一体化の欲求と言ってもよいでしょう。

こういうふうに「愛」という言葉の意味を押さえておくと、人々がいろいろな意味で使っている「愛」という言葉の共通点が取りだせます。そこで次に、では人々がみんなそういう共通した意味でこの言葉を使っているのに、なぜ多くの混乱や誤解が生じるのかについて考えてみましょう。

それは、「愛」の対象がじつにさまざまで、その対象のあり方の多様さにしたがって、「愛」の性質も異なってくるからです。ですから私たちは、何でも「愛」であれば素晴らしいと考えてしまう前に、これこれの対象に向けられた愛は、こういう性質をどうしてももってしまうという事実をよく見きわめる必要があります。さまざまな「愛」には、それぞれに特有の問題点もまた見られるのです。

そこで、どんな対象だとどんな「愛」になるのかを分類してみましょう。ただし、ここでは、モノへの「愛」（愛着）と「自己愛」についてはとりあえず省略《しょうりゃく》して、他人への「愛」だけに限定します。もっとも、すべての愛は結局は「自己愛」であるといった考え方も成りたちますけれどね。

## 「愛」には四種類ある

**先生**　いまから二千年以上前の古代ギリシャでは、だれに向けられた「愛」であるかにしたがって、四つの異なる言葉をおよそ次のように使い分けていたそうです。この分類は、なかなか優《すぐ》れたものなので、これにしたがって考えていきましょう。

**①アガペー**　これは「**博愛**」「**人類愛**」「**隣人愛**」です。キリスト教で「あなた自身を愛するようにあなたの隣人を愛しなさい」と言うときの愛ですね。「隣人」というのは、自分の身近な人という意味ではありません。神の下《もと》では、人間一般がすべてあなたの隣人というこ とになるのです。ですから、ときにはあなたの「敵」でさえもがその対象となります。

**②エロス**　これは「**恋愛**」、つまりふつうは異性が好きになることです。いま日本で、「愛している」というと、この意味に使うことが多いですね。歌なんかで主題にされるのは、ほとんどこれです。性的な欲求という自然条件にもとづいているので、とても強い感情としてあらわれます。

**③フィリア**　これは「**友情**」です。身近でつきあっているうちに自然に生まれてくる、仲間同士の親愛の情といってよいでしょう。男と女の間でも、右の②とは別にはたらくこと

があると考えられます。たとえば長年連れそった夫婦などで、相手を思いやったりするのは、②よりはむしろこちらのほうに近いと考えられます。

**④ストルゲ**　これは、**家族の情愛、とくに親子間の情愛**を指すようです。これも出産、育児という動物的な自然条件と結びついているので、強くて深いですが、②とは根本的にその性格がちがっています。この感情は、まずはじめは赤ちゃんを育てることを通して親から子どもへと向かいますが、やがて子どもの側にも、自分が特定の人（お母さんやお父さん）に気にかけられているということがわかってくると、自分からその相手を求めて大切にしようという気持ちが育ってきます。

　さて、こんなふうに整理してみたのですが、実際には、この四つの言葉も、いろいろ入り乱れて使われたり、転用《てんよう》されたりしたらしい。私たちも、自分がだれかに「愛」を感じるというとき、それがこの四つのどれに属するのか、はっきりとは決めにくい場合が多いですね。

　みなさんがよく使う「好き」という言葉になると、もっとあいまいです。A君とBさんがたがいに好意をもっていても、それがはたして「エロス」なのか「フィリア」なのか、自分たちでもよくわからない。また、近づいてつきあってみた結果として、A君のそれは

「エロス」なのに、Bさんのそれは「フィリア」だといった双方の「ずれ」がはっきりしてしまうこともよくあるよね。そういう場合でも、はじめのうちは、どちらももっと混沌《こんとん》としていたのかもしれない。

それでも、こういう整理をしておくことは、私たちの生き方をよりよくしていこうとするうえで、大事なことだと思います。人と人とはさまざまな心の葛藤《かっとう》を繰り広げる生き物ですが、そのほとんどが、この「愛」という感情の濃さ薄さ、その種類のちがいによるジレンマ（板ばさみ）、また「愛しあっている」はずの双方の見込みちがい、などにもとづくものだからです。

**徹**　兄弟姉妹の「愛」は、④の「ストルケ」に入るんですか。

**先生**　それはむずかしい質問ですね。古代ギリシャでどう使われていたのかは知りません。でも私の個人的な考えでは、右の四つの枠組みに、新しく「兄弟愛」という別の項目を設ける必要はないと思います。それで、兄弟姉妹間の愛情を、一応右の枠組みのなかに位置づけようとすれば、「ストルケによって支えられたフィリア」と言えるんじゃないかと思います。小さいときから一つ屋根の下で暮らしているために自然に育ってくる感情ですからね。

また、兄弟と姉妹との間だったら、「エロス」も多少からんでいると考えられます。

**亜弥**　兄弟と姉妹が男と女として愛しあっちゃったら、まずいんじゃないですか。

**先生**　もちろん、肉体的に愛しあっちゃったらまずいですが、いま問題にしているのは「愛」の感情の性格についてです。心のあり方としては、異性の兄弟同士の間には、同性の兄弟同士の感情とはちがった微妙なもの、恋愛感情に近いようなものが成立することがあると思います。

　いまは一人っ子が多い時代ですから、みなさんはあまりぴんとこないかもしれませんが、思春期以降の異性同士の「エロス」はたいへん強い力をもっていますから、「ストルケ」や「フィリア」が「エロス」に発展することも大いにありうる。兄への執着のためになかなか恋人ができない妹、というような心理的なケースはけっこうあると思いますよ。昔話でも兄への愛と夫への愛に引き裂かれるといったパターンの話があるでしょう。

**智子**　兄弟と姉妹はどうして一緒になっちゃいけないんですか？

**亮太**　げっ。そんなの、いけないからいけないに決まってんだろ。ヘンなこと聞くなよ。

**先生**　いや、何でも疑問に思うことは大事です。しかしその質問もうまく答えるのがとてもむずかしい質問です。

　いま、日本の法律では、いとこ同士は結婚できるけれど、それ以上に近い血縁同士は結婚できないことになっていますね。叔父《おじ》と姪《めい》、叔母《おば》と甥《おい》、また親子兄弟姉妹同士はなぜ性

的に愛しあって結ばれてはいけないということになっているか。これは何人ものえらい人が考えてきたのですが、決定的なうまい答えは出ていません。でも、私は次のように思っています。

またちょっとややこしい話になりますよ。

家族とか親族というのは、身内として固まることによって、私たちの社会秩序の基礎《きそ》をつくっていますね。で、こういう集団が長い時間、社会の構成要素としてのまとまりを維持するためには、その集団のメンバーが、自分たちの位置関係をおたがいにはっきり知っておく必要があります。私は、だれそれの息子であり、だれそれの兄である、というようにね。

でも、さっきから強調しているように、「エロス」の力はとても強いですから、そういう位置関係を無視して食い破ってしまう可能性をもっています。そして、本当に食い破ってしまうと、その位置関係がメチャクチャになって、だれがだれの父親だか息子だか兄弟だか姉なのか叔母なのかわからなくなってしまう。わからなくなってしまうというよりも、たとえば男性である「私」にとって、ある相手との関係が妻であると同時に姉であったり母であったり叔母であったり娘であったりするようになってしまいます。

本当にそんなことになる？　という疑問をもった人は、ためしに家系の図を書いて、この人とこの人とが性的に結ばれたらどうなるかというゲームをやってみてください。

そうすると、それはもう、一定のまとまりを保った「家族」とか「親族」とか言えなくなってしまうでしょう。その結果、その集団は、何か秩序と意味のある「集団」ではなくなってしまうのです。そして、ある集団が秩序と意味をなくすと、ただの「群衆」になってしまいます。

ただの群衆では「社会」をつくることができません。具体的にいうと、生まれてきた子どもはだれが責任をもって育てるのかとか、ある人が獲得した財産は、だれに受けつがれるのかとかいった問題が、まったく解決できなくなってしまうのです。

だから、私たち人類はその危険を知って、近い血縁同士は性的に結ばれてはいけないというルールをつくったのだと思います。これは、私たちが人間として守るべき最も基本的なルールです。

## いちばんむずかしい「愛」とは？

**先生**　さて、「愛」を四つに分けてみたのですが、このなかで、実現させるのがいちばんむずかしいなあと思えるのはどれでしょう。

**沙織**　やっぱ、①の「アガペー」でしょう。
**康介、亮太、亜弥**　そう思うよ。
**先生**　どうしてそう思うのかな。
**康介**　だってさ、なんか無理してない？　何で「敵」まで愛さなくちゃならないんすか。
**亮太**　だいたい、人類愛とか言ってるけど、知らない人のこと、どうやって愛したらいいのかわからねえじゃん。
**智子**　ちょっと待って。
**亮太**　ほらきた。チョットマッテ。
**智子**　言わせろ。なんか、前にもこの話でてきた気がするけど、亮太だって、目の前で苦しんでる人見たら、それが知らない人でも思わず助けようとするんじゃないの。
**亮太**　そりゃ、まあな。でもはっきし言って、あんましつきあってらんねえよ。こっちにはこっちの都合があるからな。で？　何が言いたいわけ？
**智子**　だからさ、先生の言う「アガペー」って、けっこうだれでも少しはもってるんじゃないの、ってこと。
**先生**　二人の言い分を聞いていると、どっちにも理があるという気がするね。たいていの人は、ある範囲までなら「アガペー」をもっているけど、それを超えるのはむずかしい。

たしかにその通りですね。だれもが人類一般を愛するなんて不可能なことだし、また、そういうことを強制すべきでもない。なぜ強制すべきでないかは、前に「善」の理想主義がもつ危険のところで話しましたね。

ただ、人間は生物的な同類としての共感のしくみをそなえています。また、どこの社会でも小さい頃からのしつけによって、この共感のしくみを「見知らぬ他人への愛」にまでなるべく育てようともしています。なので、生身に触れるごく狭い範囲でならば、「アガペー」が作用するということも事実です。

けれど、それはいまみなさんが一致して、実現するのがむずかしいと答えたように、もともと弱点をもっています。その理由は、この愛は、他の愛とちがって、「対象」が具体的に決まっていないからです。「対象」が決まっていないと、実感がともなわない観念的なもの、口先だけの浮きあがったものになりやすいですね。

みなさんは、宮沢賢治の「雨ニモ負ケズ」という詩を知っているでしょう。あのなかに、こういうくだりがありますね。

東ニ病気ノコドモアレバ
行ツテ看病シテヤリ

西ニツカレタ母アレバ
行ツテソノ稲ノ束ヲ負ヒ
南ニ死ニサウナ人アレバ
行ツテコハガラナクテモイ、トイヒ
北ニケンクワヤソシヨウガアレバ
ツマラナイカラヤメロトイヒ

こういうことが本当にできる人は、「アガペー」に満ちた人ということになるのでしょうが、でも東西南北四つの方角で苦しんでいる人が、同時に愛を求めてきたら、どれを優先していいのか困ってしまいますね。

宮沢賢治自身は、けっして口先だけでこういうことを言ったのではなく、「サウイフモノニワタシハナリタイ」と書いて、どうしてなれないのかと本気で悩みつづけた人です。しかし、「アガペー」は、たとえ自分のうちに熱い感情をともなっていたとしても、「対象」が決まっていません。また、その範囲を限定しなくては、実際にその気持ちを届かせることができません。そして範囲を東だけに限定することは、同時に、西と南と北を切り捨てることになります。

このように「アガペー」は、もともと弱みをもっています。その本質的な「弱み」ということを教えずに、国語や道徳などでこういう素材をただ素晴らしいものとして扱うとしたら、それは考えものだと私は思っています。

## いちばんやっかいな「愛」とは？

**先生**　次に「エロス」のむずかしさについて話しましょう。

「エロス」は、ふつう、異性同士の引きあいのかたちをとります。そして前にも言ったように、性の欲望という自然条件に支えられているために、他の三つにくらべてとても積極的で強い力をもっています。ときには、人間社会の基本ルールを破ってしまうほどにね。

ところでみなさん、この男女の愛は、本能だと思いますか。本能ではないと思いますか。

**智子**　やっぱり、子どもを産んで子孫をつくっていくことにつながっているんだから、本能じゃないのかな。

**亜弥、沙織**　わたしも本能だと思う。

**先生**　では聞きますが、本能って何ですか。

**智子**　あとから学ぶのじゃなくて、生まれる前から与えられている能力？

**先生**　そうですね。だいたいそういう意味ですね。さて、そうだとすると、それがどういうかたちをとってあらわれるかは、ほとんどはじめから決定されていることになりますね。でも、人間の「エロス」が動物とちがうのは、あまり一つだけの法則に従わないという点にあります。その意味で半分は本能と言えるけど、半分は本能から自由だとも言えます。

**徹**　法則に従わないというのはどういう意味ですか？

**先生**　いろいろあります。

まず人間のエロスの感情は、繁殖期《はんしょくき》が決まっていないので、子どもを産み育てるという目的に必ずしも結びついていないという点です。みなさんはあまりぴんとこないかもしれないけど、年とって子どもを産めなくなった人、産まない人でも、恋愛ってけっこう行なわれているんですよ。

それと、人間の性的な行為は、いつでもだれとでも、快楽の追求のためにだけ行なわれることが多いのです。これがいろいろとやっかいな問題を生みだします。この問題については、みなさんの年齢にふさわしいかたちであとで取りあげましょう。

それから、「愛」というのは、何かある「対象」を目指し、その「対象」を大切にしたいと感じて、それに向かって自分の体や心を開いていこうとする感情のあり方だと説明しましたね。この「対象」が、人間の「エロス」の場合は、じつにさまざまに広がってしまっているのです。たとえば、同性同士で愛しあうということもあるし、体は男なのに気持ちはどうしても女だとか、その逆の人もいます。いっぽうで、幼い女の子だけに興味を抱く男性とか、何か特定のモノなどにとても興奮を感じてしまう人とかもいますよね。

**亮太**　それって、「ヘンタイ」じゃねえの。

**先生**　そう呼ばれてしまいますね。でもそれが犯罪や迷惑に結びつかないかぎりは、「ヘンタイ」などと呼んで差別してはいけないと思います。ともかく、ある一定の割合でそういう人たちがいるということを、知っておく必要があります。

また、たとえ「対象」が異性というふつうのかたちをとっていても、その快楽の「満たし方」がまた、いろいろだということがあります。相手をいじめることに性的な快感を感じる人、逆にいじめられることに快感を感じる人、性器を女性に見せびらかそうとする男性、まだまだいろいろあります。

**亜弥**　いた、いた。あたし、小学校のとき、夕方、一人で淋《さび》しいところ歩いてて、びっくりしちゃった。すごいキモ悪かった。

**先生**　それは怖かったろうね。亜弥さん、そのときどうしましたか。無事でしたか。

**亜弥**　もちろん、シカトして逃げましたよ。

**亮太**　それもヘンタイじゃん。

**先生**　まあ、ふつうのかたちからはずれているという意味ではそうですね。

**徹**　そういうのは、犯罪じゃないんですか。さっきの小さい女の子だけに興味を抱くのとか。下着を盗んじゃう男なんてのもいますよね。

**先生**　その通りです。だから、これはとてもむずかしい問題をはらんでいて、行動に出してしまうと犯罪になります。でも、たとえば大人同士で、いじめるほうといじめられるほうが合意のうえで、ある範囲を逸脱《いつだつ》しないようにゲーム感覚でやっているという場合もあって、これは、犯罪とは呼べないと思います。

ここで肝心《かんじん》なことは、ともかく人間の「エロス」欲求というのは、その「対象」と「満たし方」が、動物のもっているような単純な法則からは、はなはだしく逸脱する可能性をもっているという事実を知っておくことです。「愛」という言葉を一概にただ「素晴らしいもの」と考えては誤る理由の一つもここにあります。

さて、そういう逸脱の可能性についてはひとまずおいておくとして、もう一つ、人間の「エロス」には、決まった法則には従わない次のような特徴があります。

みなさんの年齢くらいになると、急に性的な欲求が強く芽生《めば》えてきます。ところが、それまでにみなさんはすでに十年を超える年月を生きていますね。その間に、両親とか、兄弟姉妹とか、友だちとかいろいろな人と心の交流を重ねてきています。

だから、心のレベルでは、エロスの感情をけっこう育ててしまっているわけです。これも動物にはあまりみられません。そしてこの特徴は、だれそれは好きだけど、ああいうタイプは嫌いというような「好み」の感情としてあらわれます。

この「好み」は人によってじつにさまざまで、自分でも実際に相手を好きになってみないと、はっきりとはわかりません。でも、多かれ少なかれそういうものがだれにもあることはたしかでしょう。特定のアイドルにあこがれたり、「あんなのどこがいいの」なんて感じたりしますね。

この、「好み」をあらかじめもってしまうという特徴と、一生のどの時期でも異性を求めるし、またとくに男性に多いですが、性欲の対象としてはどの異性でもかまわないという特徴、この二つは、両立しません。そこにまた、人間の「エロス」のやっかいなところがあります。

たとえば、一方がすごく好みをもって相手に迫って、相手がそれを受け入れたとしても、相手のほうはただの性欲の対象としてしかみていなかった、とかね。そうすると、せっかくの「愛」もすれちがいに終わってしまうでしょう。

## 四つの「愛」は両立しない

**先生**　そういえば、もう一つ、注意しておきたいことがあります。それは、先ほどあげた四つの愛、「アガペー」と「エロス」と「ストルケ」と「フィリア」、これらはどれか二つを同時に成りたたせようとすると、乗り越えるのがとてもむずかしい壁にぶつかるということです。ちょっとクイズみたいになりますが、この四つのうちから二つを選ぶとすると、何通りの組みあわせがあるかわかりますか。

**徹**　えーと……三組、二組、一組と減っていくから、全部で六通り。

**先生**　そうですね。六通り全部について例をあげて説明すると時間がかかりますから、次のように整理しましょう。

まず「アガペー」と他の三つ、これらはどれも原理からして両立不可能です。というのは、先に説明したように、アガペーは、他の「愛」とくらべて、その「対象」を限定できないという本質的な弱みをもっているからです。ということで、アガペーと他の「愛」との関係については、一つの例をあげるだけでじゅうぶんでしょう。

たとえば、賢治の「雨ニモマケズ」のなかの「ワタシ」が家族を抱えていて、幼い子どもの親であったとする。「ワタシ」は「東ニ病気ノコドモ」がいたので実際にそこに赴《おもむ》き、献身的に看病していた。そこに「ワタシ」の奥さんから連絡が入って、自分の子どもが交通事故にあって、重体だという。さて「ワタシ」はどうすればよいか。これは要するに、「アガペー」と「ストルケ」とが両立困難な例ですね。

アガペーと他の三つの「愛」との間には、このように、公的な仕事と私的な生活の大切さとの矛盾という、ややこしい問題がつねにつきまといます。

いまあげた例は、話をわかりやすくするために出した本当に極端なケースです。でも、みなさんが社会人になって人生を送るようになると、いっけん小さなことであっても、これに類することがたくさんあるという事実にきっと思いあたるはずです。

**徹**　先生はいま、「アガペー」と「仕事」を結びつけて話しましたけど、「仕事」って本当にアガペーにもとづいているって言えるんですか。それとも先生は、ある仕事はそうだけど、別の仕事はちがうみたいな区別を頭におきながら言ったんですか。ふつう、仕事っていうと、自分が食べていくためにしかたなくやるってイメージが強いと思うんですけど。

**先生**　なるほど。

たしかに大多数の人が「仕事」とか「職業」にたいしてもつイメージは、自分が食べていくために、というところに重心がおかれていますね。しかし、仕事や職業が個人にとってもつ意味は、それだけではありません。いくつかの意味や条件が折り重なっていると言

えます。でもこの「いくつかの意味や条件」そのものについては、もっとくわしく七回目の授業で話すことにしましょう。

ここでは、全面的にアガペーにもとづく仕事というものがあるのかどうか、ある仕事はそう言えるのに、他の仕事はそうとは言えないのかどうか、という点についてだけ簡単に答えておきます。

あらゆる仕事は、それが社会全体から抵抗《ていこう》なく、正規の、公正な職業として認められているかぎり、アガペー的な要素を多少とも含むことになるというのが、ここでの私の考えです。それは人々が何により大きな価値をおくかにしたがって生ずる「程度」の問題といってもよいでしょう。

いま、医者の例を出しましたが、昔から「医は仁術《じんじゅつ》」と言って、病を治し、命を救うための仕事ですから、これはアガペー的な要素がはっきり前面に出ていますよね。その他、消防士とか、看護師とか、弁護士、はばかりながら教師などもそういうイメージを強く背負わされます。それからみなさんはぴんとこないかもしれませんが、政治家とか役人なども、本来、アガペー的な要素を強く保持しなくてはならない職業だと言えるのです。

ではスポーツ選手、お笑い芸人とか、歌手や俳優とかはどうか。これもみんなの心を喜ばせたり和《なご》やかにさせたり共感を呼びおこさせたりするのですから、そこになにがしかのアガペーの精神が要求されると言えます。その他、パン屋さん、美容師、パイロット、漁師やお百姓さん、ふつうの事務員など、みんな同じです。

要するに、ここで押さえておくべきなのは、**現実に不特定多数の人の福利《ふくり》にまったくつながらないような労働は、社会から「職業」としては認められない**ということです。個人的な動機がただの金儲けに過ぎなかったとしても、それが「職業」として成りたつかぎり、それに従事する人は、その仕事を通して多少なりとも「公共心」、つまり一種のアガペーの精神を実現させるよう求められます。また、その要求を満たせないような仕事のしかたは職業人として失格なのです。

これでいいですか、徹君。

**徹** ……はい。

**先生** では、次に行きましょう。

「エロス」と「ストルケ」。この二つが折りあわない場合というのは、たとえば次のようなケースです。

みなさんがだれかを好きになって、その恋愛もうまくいき、やがて一緒になりたいと思ったとします。しかしさまざまな理由から、親に反対されてしまった。

こうした場合、親の態度は、みなさんの目からは、ただわからず屋の頑迷《がんめい》なものとしか

映らないかもしれません。若い世代は、自分のいまの生き方ということに夢中になりがちです。だから、反対する親がどういう気持ちから言っているかまで推《お》し量《はか》る心の余裕がなかなかもてないものです。親の権力を笠《かさ》に着て私たちの自由を奪うつもりか、と、ついつい感情的になってしまう。そうすると、おたがい聞く耳をもたないといった険悪《けんあく》な関係に発展することがままありますね。

**沙織**　結婚て、面倒くさいね。あたし一生独身で暮らそうかな。

**亜弥**　あたし、やっぱしたいわ。好きな人といつも一緒にいたいもん。

**亮太**　甘いぜ亜弥。その一緒にいるってことのむずかしさを先生が話してたんじゃねえか。

**沙織**　おまけに亮太は、浮気するかも、とか言ってたしね。

**亮太**　うへ、ヤベえ。

**康介**　だけど、結婚なんてずっと先の話だろ。まだ全然考えたことねえよ。

**先生**　たしかに、いまは晩婚《ばんこん》の時代ですから、結婚の例はみなさんには早すぎたかもしれませんね。

「エロス」と「ストルケ」の両立がむずかしいことを示す例をみなさんの年齢にもっとふさわしいかたちであげるなら、親が年頃の子どもの交友関係を気にするというのがあります。これは、「フィリア」と「ストルケ」の矛盾の問題でもあります。

みなさんの場合はそうではないかもしれませんが、とくに多くの母親というのは、思春期のまっただなかにいる子どもの友だち関係が、自分の価値観にかなったものであるかどうかをすごく気にするものです。不良とつきあっていないかどうか、いじめにあうような関係になっていないかどうか、特定のガールフレンドやボーイフレンドはいるのか、いるとすれば相手はどんな子なのか、どこまで深いつきあいになっているのか、等々。

これは、直接子どもに向かって話題にしたり態度であらわしたりしない場合でも、内心ではけっこう気にしているものなのです。そして、夫婦だけの時間に、そういう心配をしょっちゅう話しあったりしているはずです。そういう話しあいをまったくしない夫婦というのは、その夫婦関係そのものがむしろ問題です。

親には、自分の子どもが家の外でどんな行動をしているかわかりません。それで、子どもの成長度がどれくらいかということを客観的な目で見ることがなかなかできないのです。みなさんのようなむずかしい年齢のときには、どういう対応をしていいのか、不安と戸《と》惑《まど》いを必要以上に大きくしてしまいます。そのため、ときには親子の間で険悪な衝突に発展してしまうことにもなります。

最後に「エロス」と「フィリア」について簡単に触れておきましょう。

これは、友人同士で一人の異性を好きになってしまうというような場合が典型的です。

いわゆる三角関係ですね。しかもたがいに深く見知った同士の三角関係です。

それに類することがあった場合、「エロス」の対象がモノではなくヒトですから、単純にゲームのような取りっこをすればよいというものでもないし、譲《ゆず》りあえばいいというものでもないですね。

基本的には、「エロス」の感情は正直ですから、その質と度合いにしたがって正直にやってみるしかないでしょう。それが本当に強いために結果的に「フィリア」を超えて競争になってしまっても、しかたのないことだと思います。「エロス」の相手のほうの気持ちがどう動くか、これはわからないことですしね。

「ストルケ」と「エロス」、「ストルケ」と「フィリア」、「エロス」と「フィリア」などの両立のむずかしさは、このように、そこにかかわる当事者の「心」のあり方に根拠をもっています。そのことをみなさんもなるべくよく自覚して、このむずかしい時期をうまく泳ぎ抜けていってほしいと思います。

今日はここまでにして、次回も「愛」の話を続けましょう。

# 第6回目 「性」のちがいってなんだろう？

**先生**　前回では四種類の「愛」について説明しました。しかし「エロス」についての話の途中で終わってしまいました。今日はまず、みなさんが異性を求める気持ちが高まった場合、セックスまで発展してしまった場合、またそれに近いところまで行った場合などについて、どういう問題が起こりやすいかということを話しましょう。

これは、大きく分けて、次の五つの問題が考えられます。

一つめは、子どもができてしまうということです（妊娠《にんしん》の可能性）。

二つめは、たくさんの人と性交渉をもつと、悪い病気を伝染《うつ》されやすいということです（性病にかかる危険性）。

三つめは、とくに女の子がもつ危険ですが、性犯罪にあいやすいことです。逆に言えば、性欲の高まった男性は性犯罪を犯しやすいということでもあります（性犯罪の危険性）。

四つめは、これも女性がもつ危険ですが、体を与えるとお金がもらえるため、味をしめてそれにのめりこんでしまい、親を悲しませたり、まわりから差別されたり、悪徳業者の罠《わな》にはまってしまったりしやすいということです（未成年売春がもつ危険性）。

最後に、これは以上の四つのようにはっきり社会問題としてあらわれないためにかえって解決困難なことが多いのですが、愛する者、愛される者同士の思惑がすれちがいやすいということです。それぞれの「心」の問題として、深刻な状況になる可能性がとても高い（心のすれちがいの可能性）。

## 未成年のセックスのリスクとは？

**先生**　まず一番目の「妊娠の可能性」についてですが、これは、未成年の性交渉の結果であった場合には、たいへん困ったことになりますね。なぜかというと、いろいろな理由が考えられます。まず、精神的に未熟ですから、子育てのたいへんさに耐えられないでしょう。

次に、未成年者のほとんどは、子どもを育てていくために十分な経済力をもっていません。また、法律的にも、正式に結婚できる資格がありません（現在の法律では、結婚資格は、男子十八歳、女子十六歳以上）。

さらに、いまの社会では、学業期間が長くなっているので、社会で一人前と認められるのにとても時間がかかります。周囲がみなさんを「社会人」と見なしてくれないのです。実際に子どもを抱えたら、学業をつづけることが困難になるでしょう。ところが生理的には、もう子どもをつくれる能力をもっているのですね。つまりいまの社会で、法律上の未成年が妊娠すると、「子どもが子どもを産む」という変なことになってしまうのです。

また、いくら昔にくらべて未成年者の性の自由があたりまえになったとは言っても、それは、実態がずるずるとそうなってきたというだけで、大人社会がそれを公《おおやけ》に認めたわけではありません。妊娠のような否定できない事実が明らかになれば、未成年者の親や身近な大人たちは、やっぱりあせってしまうでしょう。性は「秘めごと」ですから、そういう事実が露見《ろけん》すると、依然《いぜん》として世間の風当たりは強いと言えます。つまり、親や身近な大人たちにも相当の心理的なプレッシャーがかかってしまいます。

おたがいに好きでたまらなくなり、欲望を抑えることができなくなって性交渉をし、妊娠してしまったとします。実際には、ほとんどの場合、避妊で処理しているのでしょうが、しくじって妊娠したときには、こっそりと中絶することになります。しかしそれにも大きな心理的負担と経済的負担がかかりますね。女性の体にとってもよくありません。

ではどうしたらよいか。これはいま、大人たちが頭を悩ませている問題ですが、みなさん自身の心構えに関して私が言えることは、以下の通りです。

まず、いままで話してきたように、中学生や高校生で子どもを産んでも、その子どもを養っていくだけの責任能力や経済力がありませんし、またそういう負担を抱えてしまうと、学業をつづけることがほとんどできなくなります。そうすると、いまの社会では、生きる道が著《いちじる》しく狭くなってしまいます。周囲の大人にも心配と迷惑をかけます。

ですから、いくら好きな相手ができたとしても、なるべく我慢することを勧めます。よくよくこのことを考えて慎重に行動してください。**ゆっくり恋愛の過程をたどるほうが、いろいろな意味で後悔が少ない**のです。

次に、それでもどうしても我慢できなくなってしまった場合は、男女ともに避妊の知識をきちんと身につけ、必ずそれを守ること。

さらに万一、失敗して妊娠してしまった場合は、手遅れにならないうちに信頼のおける大人に相談して、その指示を仰《あお》ぐことです。私自身は、よほどまわりの理解と具体的なサポートを期待できるのでないかぎり、一般的にはなるべく早く中絶することを勧めます。

けっして中絶を積極的に勧めるわけではありませんよ。背に腹は代えられない、最後の手段だということです。

これには経済的、心理的に、親または兄姉、先輩など、信頼のおける年長者の支えがあったほうがいいですから、そういう人に勇気をもって打ちあけましょう。もちろん、打ちあける相手の数は少ないほどよい。仲間同士、友人同士による情報交換やカンパ集めというのは、よく行なわれている一つの手だと思います。しかし、いかがわしいことに巻きこまれたり、悪い噂《うわさ》を流されたりする可能性が高いので、勧められません。

ところで、以上のことに加えて、私は同性としてとくに男の子に言っておきたいことがあります。思春期、青春期に達した男の子の性欲はたいへん強い。性犯罪など犯してはならないことは言うまでもありませんが、特定の女の子に好かれて自分も好意を抱き、つきあいが深まるにしたがって体をしだいに接触させるようになったとします。それを相手も受け入れてくれればどうしても最後まで行かないと我慢できない可能性が大きい。でも、くれぐれも一時の衝動に走らないように。

と、戒《いまし》めてはおくものの、事実上はそうなってしまうケースがままあります。そういう場合に、責任は対等ですから、避妊を相手に任せずに、必ず自分も知識をきちんともち、そして実行の意志を示さなくてはなりません。

それから万一、相手を妊娠させてしまった場合には、絶対に逃げてはなりません。相手をいたわりながらとことん話しあって、どこまでも一緒に決断し、行動しましょう。

私がなぜこれらのことを強調するかわかりますね。ただでさえ、男性は性衝動に能動的、攻撃的なものを潜《ひそ》ませていて、相手の合意をきちんと推し量ることを怠《おこた》りがちです。痴漢《ちかん》やレイプや盗撮《とうさつ》などの性犯罪はみんな男でしょう。まして、結果があらわれるのは、女性の身体の側であって、男性の側ではありません。

このように、**「エロス」の関係では、意識や行動の結果が女性の側にだけ負担をかける**ようにもともとなっています。ですから、男性はその気になりさえすれば、知らん顔してその後の処理を相手に任せて逃げてしまうことができるのです。残念ながらこういう無責任な態度をとる余地が男性にはある。だからこそ、避妊や妊娠に関する「男の責任」を強調しておきたいのです。

じつは女の子にたいしても、行動はくれぐれも慎重に、気安く応じないように、泣きをみるのは自分なのだから、自分の身は自分で守るように、と言いたいところなのです。でも異性である私が言ってもあまり説得力がありません。かえって男の開き直りのように聞こえてしまうおそれがあります。ですから、この点は、女性の教師やカウンセラーに諭《さと》してもらうのがよいでしょう。

二番目の「性病にかかる可能性」ですが、これについては、いま述べてきたことと基本的には同じです。さらに慎重なうえにも慎重に、と言うほかはありません。

たとえばエイズのような病気の怖さや症状、感染経路、予防法について、保健センターなどの行政機関で正しい知識を記したものを配布しているはずですから、そういうものをよく読んで、認識を深めてください。また、感染しているかどうか、簡単に検査することもできます。たとえば結婚するときや妊娠したときその他、必要と感じた場合には、うやむやにせずに堂々と検査を受ける心構えが大切です。

エイズは、セックスをしていないなら、直接にはその心配はありませんが、親が不特定多数と性交渉をもった過去があると、胎児《たいじ》に感染する危険が大いにあります。これもよく知っておいてください。つまり、みなさんが将来、父親や母親になったときのためにね。

三番目の「性犯罪の危険性」ですが、これは、女の子が心構えをもちさえすれば防げるというようなものではありませんね。そういうことが起こりそうな場所や時間帯に身をさらさないとか、あまり挑発的な服装をしないとか、GPSや痴漢撃退《げきたい》器具を所持するとか、一応注意すべきことはあります。しかし、じつのところ、不特定多数が近い距離で集まって暮らしている人間の社会では、この種のものを完全になくすことは困難です。

ただ、凶暴な性犯罪は被害者の心構えの問題を超えているにしても、軽い性犯罪者の多くは、意外と気弱なことも事実です。モテなくて女性にたいして堂々とコミュニケーションする自信がないので、よけい鬱積《うっせき》して「こそこそ」した行為に走りがちなのですね。

ですから、年頃の女の子が外を出歩くときには、いつも毅然《きぜん》としていることがけっこう有効です。でも女の子だって男性にモテたいだろうから、いつもいつもパキパキしているわけにもいかないかもしれませんね。時と場合によるだろうね。

ただ、私が指摘しておきたいのは、みなさんくらいの年齢の女の子は、女の体をもっているだけで、自分で意識しているよりもずっと男性の目にたいして色気を発散させているということです。この事実は、避けることができないのです。反面、そうであるからこそ、男と女の間によい関係が生まれる可能性があるとも言えます。もっとも、このあたりも、私が言うより、先輩女性や女性教師の教えを受けたほうがいいかもしれませんね。

## 男は女より面食いか？

**亮太**　先生、「痴女《ちじょ》」っていないんすか。

**先生**　痴女ねえ。ほとんどいないでしょうね。いたとしてもまれだろうね。

**亮太**　なんで？

**先生**　さあ、よくわかりませんが、事実として、そうなってるよね。男性は女性の体そのものにとても性的な関心をもつけれど、女性はむしろ、男性の活躍している姿とか、表情とか、態度とか、行動とかに惚《ほ》れこむようですね。男の精神的なところとか、生き方を見抜いて相手を選ぶんじゃないの。ともかくそういうちがいを知っておくことは、男女関係で幸せになろうとするとき大事ですね。

**亜弥**　女だって男の顔、すごく気にするよ。美形のがいいもん。

**沙織**　でも亜弥、顔以外の男の体の部分にそんなに魅力感じる？　筋肉ムキムキとか。

**亜弥**　そりゃたしかにそうだな。なんか毛深いとかもキモいね。

**智子**　ムキムキや毛深いのが好きな人もいるんじゃないの。人それぞれって感じだけど。

**先生**　話がおもしろくなってきたね。もちろん、人それぞれですが、私がいま言ったのは、男はだいたいそういう傾向がある、女はだいたいそういう傾向があるということです。

　女性が男性の顔を気にするというのも、顔というのは、とても精神性をあらわす部分だからじゃないでしょうか。男性は総じていわゆる美人、いわゆるプロポーションのいい女性が好きだけど、男性の顔にたいする女性の好みはけっこう多様だという気がしますね。それから、女性は男性の体の弱点にたいしてはかなり寛容《かんよう》な傾向があるでしょう。

**亮太**　弱点って、ハゲとか短足とか？

**先生**　まあ、そういう場合ばかりでなく、顔の造作《ぞうさく》が美男とはとても言えないとかも含まれますね。女性は、たぶんたんなる見かけだけではない、ほかのところを見ているんだよ。その意味では男のほうが単純だと思います。

昔、お見合い制度が盛んだったころ、事前に写真を送りあうわけですが、女性サイドは両親も本人も美人に写っているかどうかをものすごく気にしたんだよ。男性のほうも相手の女性が美人かどうかをまず問題にした。反対に、女性側は、男性の顔写真よりも、社会的地位とか収入とか生活力とかをまず問題にしたんですね。

**智子**　でもそれは、女性に経済力がなくて男性に養ってもらわなくちゃ生きていけない時代だったからじゃないんですか？

**先生**　もちろんその点は大きいでしょうね。本人がお嫁に行くのにもっていける力としては、容姿《ようし》しかなかったということだよね。だから、その点が強調されすぎていた部分はたしかにあると思います。

でも、いまだって、自発的にお化粧や衣裳《いしょう》やジュエリーにお金をかけて美しくなろうと精を出しているのは、圧倒的に女性のほうでしょう。女性向けの雑誌なんかもエステや化粧品や美容整形の広告でいっぱいだよね。

**智子**　そういえばそうですね。でも、何となくそれってちょっと引っかかるんだ。うん。

**徹**　男女不平等な感じがするってこと？

**智子**　っていうよりも、あんまりまわりがそこばっかり強調すると、人間としての価値に目がいかなくなっちゃってさ、損しちゃう女の人がたくさん出てくるっていうか……。

**徹**　先生は、そういう男女のちがいがいまもあるのをどう思いますか。

**先生**　女性の美醜《びしゅう》の問題ばかり強調しすぎると、たしかに智子さんの言うような弊害《へいがい》も出てくるでしょう。でも、男女のちがい、これを「性差」というのですが、さっきも触れたとおり、性差の基本線はやっぱり変わらないと思いますよ。これから余裕があったら、昔の文学などにもいろいろ触れてみてください。昔から今まで変わってないなあということがよくわかるはずです。

　変わらないことを無理に変えようとしても、それで幸せになれるというものではない。このことをよく悟《さと》ったほうが、女は女として、男は男として、おたがいのうまいつきあい方を考えていけるんじゃないでしょうかね。そのことと、性差以外の部分での人間の価値を認めあうこととは、また別問題でしょうね。智子さん、まあ、ゆっくり考えてみて。

　性差の話題は、突っこんでいくと、次々と複雑な議論になっていきます。おもしろいと感じる人にはじつにおもしろい話題なのですが、きりがないので飛ばして次に行きましょう。

## 援助交際をどう考えるか？

**先生**　四番目に、「未成年売春」についてですが、これまた大人たちが頭を悩ませている問題です。これは当然防止すべきなのですが、社会政策上どうしたらよいかに関しては、とても議論が混乱しています。「倫理」の授業でそれをみなさんに語ってもしかたがないので、やはりみなさん自身の心構えをどうすべきかということについてだけ話すことにします。

「援助交際」という言葉は知っていますね。この言葉は、どのようにして生まれてきたのでしょうか。

まず売春や買春が法律上禁止されていること、まして未成年者がそういう行為に走ることは許し難いことという建て前があります。ところが、前に、「エロス」の力はとても強いと言いましたね。いくらそういう法律上、道徳上の建て前があっても、世の中の実態は、それを守るようにはなっていません。実際には売春、買春は横行《おうこう》しています。しかも未成年者の間にもね。

未成年売春をさせる人、する女の子たち、買う人たちは、その建て前と実態とのずれをよく知っていて、それでも実行せずにはいられない。だから売買春ではないかのようにごまかさなくてはなりません。それでこの言葉が発明されたのですね。

この言葉は、はじめはお金を得るために肉体を売る「少女売春」をはっきり指していました。でも最近では、ちょっと体を触《さわ》らせるとか、スカートをまくってみせるとか、カラオケに一緒に行ってもらう、何時間かつきあっておしゃべりするとかいったところにまで意味が広がってきて、売春かそうでないかの境目があいまいになってしまいました。男性がナンパして、女の子におごるのとたいして変わらない状態も入ってきますからね。

でもここでは、はじめの意味にもどって、なぜ「援助交際」がよくないのか、きちんと考えてみることにしましょう。

援助交際が大人たちの間で社会問題として話題になった一つの有力な理由として、それをしている少女たちが、「だれにも迷惑かけてないんだからいいじゃん」という考え方というか、言い訳をしているという実態があります。この、「他人に迷惑をかけていなければ、だれでもしたいことを自由に追求していい」という考え方は、私たちの住んでいる社会の基本原則です。ですから、それだけを取りだせば、反論できない強さをもっていることをまず認めなくてはなりません。

しかし、この考え方は、実際のいろいろな行動に関連づけると、そうすんなりと受け入れるわけにはいかない複雑な問題が浮きあがってきます。いま援助交際という行動に関して、はたしてこの考え方が通用するかどうか、よく探ってみましょう。

まず、大人たち同士で行なわれる売買春という行動のもつ意味ですが、これは、売る側について言うと、自分が愛や歓《よろこ》びを感じなくても金銭目的で性交渉を行なうということですね。つまり、お金がほしいために自分の体を性の道具として使うということです。

ここで問題なのは、お金のために自分の体を道具として使うことそのものではありません。それだったら、ふつうの労働でも同じですね。問題は、性的な意味で体を道具として使うところにあります。

何度も繰り返しますが、人間の「エロス」というのはとても強いので、これをみだりに外に向かって表現すると、社会秩序を食い破る危険をもっています。それで、人間社会では一般に、性的な行動は公共の場所や時間帯では行なわずに、モードを使い分けることになっています。それでもその欲求は過剰《かじょう》にあふれだすので、いわば裏取引のかたちでそのあふれだしてしまう部分を処理しなくてはなりません。「売買春」という金銭的なやりとりの世界は、その処理のしかたの一つです。

道徳的な理想を高くもっている人は、そんな処理のしかたはとんでもないと感じるでしょう。もっともな話ですが、いくらとんでもないから撲滅《ぼくめつ》させようと考えても、人類の歴史からこの世界がなくなったためしはただの一度もないのです。これからもけっしてならないと思います。日本にも「売春防止法」という法律がちゃんとありますが、残念ながらほとんどその目的を満たしていません。

**智子**　先生は、そういう世界を認めるんですか。

**先生**　来ましたね。「認める」という場合、ざっと言って二つの態度があります。一つは、「いいこと」として認める、積極的に肯定《こうてい》するという態度、もう一つは、「いいこと」とは言えないが、それが人間の本性に深くかかわっているので、現実が現実として存在することを「あきらめながら認めざるをえない」という態度。私の立場は後者です。

　この立場をとらず、ただ頭のなかで「けしからん、許せない」と正義を振りかざしていても、理想と現実とのギャップがますます開いていくだけに終わります。ですから、いいか悪いかというように問題を立てるのではなく、本人の生き方として幸福につながるかどうか、賢い生き方と言えるかどうかという観点から見直す必要があります。

　私は、あまり賢い生き方ではないと思います。これからその理由を述べましょう。

まず、性的な意味で自分の体を商売道具として使うと、公の社会秩序はそれをいいことと認めていませんから、当然、まわりから蔑視《べっし》を受けることになります。蔑視を受けることを知りながらそういう世界に踏みこむには、相当な覚悟が必要です。「その種の人」という以外に人格を認めてもらえない可能性が高いですからね。「職業に貴賤《きせん》なし」ということわざがありますが、こと性にかかわる職業の場合、「職業に貴賤あり」というのが避けられない現実です。

ところが、そうした社会のからくりがよくわかってからこの世界に入る人はあまりいない。たいていは、若いうちにずるずると入りこんでしまいます。そうすると、気づいてみたら蔑視されていて、しかも職業として手慣れてしまっているので、そこから足を洗って別の生き方を探すことがなかなかむずかしくなるのですね。

大人の売春の場合にも、このように、その当人にとってあまり得にならない面があります。それに加えて、この裏取引の世界には、さまざまな危険がともないます。不特定多数の相手と性交渉をもつのですから、先に話した性病や、望まない妊娠、犯罪の被害者になるなどの難題《なんだい》を抱えこむ可能性が高い。また暴力団などがかかわっていることが多いので、自分では覚悟をもって商売しているつもりでも、いいようにこき使われたり、クスリを飲まされて身体をぼろぼろにされたり、といった危険も大きい。

大人の場合でさえこのようなことが言えるのですから、ましてみなさんのように未熟な年齢では、よけいその危険がある。はっきり言って、**援助交際は、とても危ない**のです。「他人に迷惑さえかけなければ何を追求しても個人の自由だ」という抽象的な原理で自己正当化する前に、まず何よりもこのように、もし実際に性を売るような世界に踏みこんだら損をしてしまうリスクが大きいということを、あくまでも具体的に想像してみてください。

性にかかわる行動をどのように自分で管理するかという問題は、他の行動からはきわだって、自分の命の安全や将来の幸福に密接なかかわりをもっています。みなさんはそんなことはないでしょうけれど、長い人生にこれから踏みだしていく年齢で、生き方の選択肢《せんたくし》を自分で狭くしてしまうような行為に走ることは、賢いとはとても言えません。

さらに、「迷惑をかけなければ個人の自由」という原則がどういう限界をもっているかについて、二つのことを言っておきたいと思います。

第一に、みなさんは未成年ですから、ここで想定されているような「個人の自由」を存分に使いこなす資格と能力をもっていません。こう言うと、何だか押さえつけられているような感じがして、反抗したくなるかもしれません。でも、よく考えてみてください。

人が本当に「自由」を味わうためには、それ相応の責任を引き受けなくてはなりません。責任とは、自分のとる行動がさまざまな他人に及ぼす影響を推し量り、そしてその影響が相手の権利や自由を侵す場合には、自分でその埋めあわせをすることです。これには、さまざまな能力が必要です。他人の人生にたいする共感力や想像力、損害を賠償できる経済力、人を説得できる政治力や言語能力、わがままを抑える自己抑制力など。

これらの力を、人は生まれたときからもっているわけではありません。では、何によってつちかわれるかと言えば、小さいときからのしつけや教育、実社会に出てからの訓練などによってです。

みなさんはまだ教育を受けている途中にありますから、社会や国や法律が、これらの力をじゅうぶんに備えた一人前の個人とは認めていないのです。つまり、大人と同じ責任能力をもった存在とは言えない。だから、大人にくらべてその分だけ「自由」を制限されます。たとえばお酒を飲む自由や、勝手に家を出て好きなところに住む自由などですね。

そのかわりみなさんは、大人が引き受けなくてはならない義務や責任から免れることができています。それらを果たさなくても安全で幸福な生活が送れるように保護される権利があります。たとえば税金を納《おさ》めなくてもいいし、働かなくてもいい。

これは法律が保障していることで、また実際そうした保護を受けられるように、社会にはさまざまなシステムがそろっています。たとえば、親が養育の義務を果たしていないと見なされるときには、児童相談所に一時保護されるとか、十四歳未満だったら、罪を犯しても罰せられることはないとかいったようにですね。

第二に「他人に迷惑をかけなければ」というときの「他人」とか「迷惑」とかいう言葉をどう解釈するかです。

「他人」といっても、いろいろいますね。親、兄弟姉妹、友人、学校の先生、恋人、会社の同僚、顧客《こきゃく》、電車や町中でたまたま出会った見知らぬ人、それから、出会ってもいないけれど、どこかに必ずいる一般的な「他人」……。こういうさまざまな「他人」を、自分ではない人という理由だけで、ただ「他人」としてひとくくりにできるでしょうか。

たとえばみなさんにとって親や兄弟姉妹と、たまたま電車のなかで出会った見知らぬ人とは、自分とのかかわりの意味が全然ちがうでしょう。そういうかかわりのあり方によるちがいを無視して、「他人に迷惑をかけなければ」という言い方で何かを主張しようとするのは、あまりにおおざっぱすぎますね。

「迷惑」という言葉もおおざっぱすぎます。たとえば電車のなかで濡《ぬ》れた傘《かさ》を隣の乗客の衣服に接触させて汚してしまったら、明らかに「迷惑」をかけたことになりますが、これはたいした「迷惑」ではないですね。

しかし、もしみなさんのだれかがいじめをきっかけとして不登校になったとする。それがそうとう長く続いて、自分ではいっしょうけんめい学校に行こうと努力してみたのに、かえって行けなくてだんだんひきこもりになってしまった。

このような場合、ふつうの親ならわが子の状態をとても心配し、自分の育て方に原因があったのではないかなどと悩むでしょう。でも、そのように親に心配をかけ悲しませ悩ま

せたことを、ひと口に「迷惑」と言い切れるでしょうか。親が感じる心配や悲しみの量としては、先ほどの傘の例とは比較にならないほど大きいにもかかわらず。

このように、自分と「他人」との関係の質を見ないで、また「迷惑」の中身やきっかけを見ないで、「他人に迷惑をかけなければ個人の自由」という言い方を正しい考えとしてただ押し通そうとすると、いろいろなところで不都合や無理が出てきます。

それはなぜかといえば、およそ人の行為が「他人」に及ぼす影響というものは、その他人が自分とどういう関係の質をもっているかによって、じつに多様なあり方としてあらわれるからです。

以上の二点、**「個人の自由」は責任をじゅうぶんに担《にな》えない未成年者にはそのまま適用できない**点と、**「他人に迷惑をかけなければ」という言い方はおおざっぱすぎてそのままでは正しさを主張できない**点とを、「援助交際」問題に適用してみましょう。

援助交際は、未成年者の売春です。したがって、それをしている人は、「個人の自由」を根拠に自分を正当化することはできません。

また、援助交際をしていることが親に発覚したら、親に向かって「だれにも迷惑かけてないからいいじゃん」と開き直れるでしょうか。よほどの図々《ずうずう》しい子か、完全に壊《こわ》れてしまっている親子関係か、そうでなければ、もともとおたがい公認の売春親子であるか、いずれかでないかぎり、開き直れないでしょう。
　では、なぜ公然と開き直れないのか。それは、親子関係というのが、人間の関係のなかで、けっしてうち消すことのできない、最初にして最後の砦《とりで》だからです。それは、よくも悪くも情緒によって深く結ばれた「絆《きずな》」であり、「しがらみ」です。切ろうと思っても簡単に切るわけには行きません。
　それで、子どもが援助交際をしていることを知った親が怒り悲しんだとき、それは、子どもにとって「他人」である親が、子どもから「迷惑」をかけられたから、その「他人」が怒り悲しんでいるのではないのです。だいたい親って「他人」じゃないでしょう。親が怒り悲しむのは、信じていた深い関係の絆が崩《くず》されたと感じるからこそであり、子どもの未来に託《たく》していた親の思いが裏切られたと感じるからこそなのです。子どもは親のその感情の独特さを、正確に、重く受けとめる必要があると思います。

**智子**　ちょっと聞きにくいんですけど……。

**先生**　何？　思い切って言ってみなさい。

**智子**　父親がもし買春してたら、子どものこと、怒ったり叱《しか》ったりする資格はないんじゃないですか？

**先生**　なるほど。厳しい質問だね。たしかに「怒る資格」も「叱る資格」もないでしょう

ね。とくにその買春が援助交際だったらなおさらだね。

うーん……たしかに「怒る資格」も「叱る資格」もないのですが、「悲しむ資格」はあると思います。それはどうしてか。

子どもは親の過去を知らないけれど、ふつうの親ならだれでも、自分の子どもを幼いときから知っていて、いとしく思ってきたからです。子どもの不祥事《ふしょうじ》にたいして悲しむのは、親であることのこの一種の特権に根ざしています。

みなさんにこんなことを言っても納得してもらえないと思いますが、買春をしている父親でも、売春をしている娘にたいして、「おまえだけはそんなことをしないでくれ」と言いたくなる、それはすごく身勝手なことにはちがいないんだけれど、その心境だけはわかるところがある。

**亮太**　先生、めずらしくあせってない？　なんか、オレ的にもあんまり納得できねえな。

**先生**　いや、ほんとにあせっているね。たしかに納得できないかもしれません。

でも、ほら、やくざ映画や刑事映画なんかによく出てくるでしょう。親分が、自分はさんざん悪いことをやってきたくせに、自分の子どもだけはそういう世界に浸《つ》からないように大事にするという心境、あれが子どもにたいする親の気持ちをいちばん極端なかたちで表現していると思います。もちろん、そういう身勝手な気持ちが、娘の非行をやめさせられるかといえば、それはできない可能性が高いですね。

しかし問題は、娘のほうがその心情をどう受けとるかです。よけい反発して、ますますそういう行為に走る、それだったらそれでしかたがないですね。なるべくやめさせるような有効なシステムを社会全体が用意するほかありません。

でも私は、たとえ不出来な親でも、自分がはからずもそういう人生を歩むことになってしまったことも含めて真剣に悲しむ表現をするなら、意外とその心情は伝わるのではないかと思っています。

先ほど、叱る資格はないけれど悲しむのは親の「特権」だと言いましたが、それは、同時に、家族を営みながら先に死んでいく者に特有の心情でもあるのです。いかにも安っぽく聞こえるかもしれませんが、そこには「オレはダメだったけど、おまえはそうならないでくれ」という願いもこめられています。そしてこの願いには、その父親個人の生き方の良し悪しを超えたものがあると思います。

親をただ子どもとは切り離された「個人」として眺めるなら、そんな特権や願いは、「なんだ、ふざけんじゃねえ」と言って切り捨てられて当然とも言えましょう。しかし親であることは、同時に、その人の個人性を超えていて、その超えている部分が、いっしょうけんめい親子関係としてのあるべき姿を表現しようと声を発している。そこにかすかに

「倫理」のかけらが認められるのです。

というのは、どんな人間も、たんなる個人としてみれば一代かぎりのはかない命に過ぎませんが、その個人の心情のなかに、必ず世代を超えた、人間共通の無限なもの、連続的なものを保存させているからです。「倫理」というのは、そういう連続的なものを視野に入れるところに成りたつのです。

**亮太**　何だか、むずかしくってわかんねえや。なあ、康介。

**康介**　うん、あんましわかんねえ。

**亜弥**　そうでもないわ。なぁんとなくわかる気する。

**沙織**　人って、ばらばらなようでも、やっぱどっかつながってるんだよね。だれもそこから逃げられないんだよ。そういうことでしょ、先生。

**先生**　まあ、そういうことです。でも、わかってもわからなくてもしかたがありません。私の説明もちょっと格好つけすぎているところがあるようです。それこそ逃げるようですが、次の話題に行きましょう。

## 心のすれちがいをどうしよう?

**先生**　さっき、「エロス」の場合はどういうことになりやすいかという問題を取りあげて、五つのケースを出しました。そのうち、最後にあげた「心のすれちがい」についてはまだ触れていませんでしたね。

人の恋心は、人に向けられますね。そのとき、相手に会いもせず、何の表現もしないでただ悶々《もんもん》としているだけだったら話は別ですが、その気持ちを相手に察知《さっち》されるような何らかの表現をしたとします。

じつを言えば、不思議なことに、こちらがことさら表現しなくても、会って少しでも時間を共有していると、以心伝心《いしんでんしん》といって、こちらの感情は相手に自然に伝わるものです。前に話したように、心というものは、もともと人と人との間ではたらく作用だからです。

もちろん、自分の抱いている感情そのものがはじめからそんなにはっきりしていることはむしろ少ないですね。共同歩調をとっているうちに、気づいてみたら相手を何となくそういう対象として意識するようになっていたというのはよくあることでしょう。

また、集団のなかで一緒にいる時間が多くても、自分で自分の感情の質がただの好意（フィリア）なのか、それとも恋心（エロス）と呼ばれるものなのか、よくわからなくて自問自答を繰り返すということもままありますね。さらに、どれくらい相手のことを好きなのか、その程度がわからないという場合も多いですね。

しかしこれらの場合は、その時点での正直な気持ちをそのままあらわしているわけですから、あらかじめ正解が決まっているわけではありません。もっとつきあう時間を長くとって、だんだん自分の心の傾きを確かめていく以外に解決法はありえない。でもここでは、自分の感情は恋心にちがいないと確信できた場合にかぎって考えてみましょう。

さっき言ったように、そういう場合は、相手の察知にはとんでもない誤解というのはほとんどないものです。好意を誤って敵意と受けとることはもちろん、ただの親しい仲間感覚か自分にたいする恋心かどうかをはきちがえることもまずないといってよいでしょう。

それは、人の性格やタイプや年齢や経験にもよりますが、**人間は、身近な人と自分との関係のあり方についてたえず心のどこかで気にかけている存在**だからです。

でも人間の心は、いっぽうでは、そういう無意識の気づきをはっきり自分の意識の表面に浮かびあがらせないようにする複雑なメカニズムをもっています。それは、人の生活がいつも目先の必要や社会的、公的な態度をとる必要に追われているからです。

意識的な注意と関心は、そちらに集中しています。ですから、どこかで何となく気づいていながら、友だちに「彼、あんたに気があるよ」なんて指摘されると、よく「えっ、ウソ、思ってもみなかった」なんて答えるものですが、これはあながち、ただ空《そら》とぼけているのではないのですね。

さて、そのように相手がこちらの恋心を察知した場合、それが相手にとってどんな印象を残すものであれ、相手も神様ではなくてただの人ですから、必ず何らかの動揺《どうよう》をきたします。その動揺は、プラスのものもあればマイナスのものもある。

プラスの極致《きょくち》は一瞬にして成りたつ相思《そうし》相愛《そうあい》、つまりおたがいに一目惚《ひとめぼ》れになってしまうことです。これはめったにないでしょう。マイナスの極致は、「気持ち悪い」「まったく好みじゃない」と感じてしまうケースですね。そして実際の恋愛はこの両極の間を揺れ動きながら進行します。マイナスがプラスに転化することも、その逆もあります。

「エロス」はいつもこのように不安定で悩ましいものです。それは、恋する対象の側もまた、確固たる輪郭《りんかく》をもつ存在ではないからです。**恋は、たがいに対等な、そして不安を抱えた自我同士の駆け引き**です。

**康介**　どんな美人でも動揺するんすか。

**先生**　どんな美人でもです。美人かどうかは人が判断することですよね。多くの人から美人と評価されてきた人は、そのことをどこかで過剰に意識しているために、それはそれでまた独特の自我の不安定さを抱えているんじゃないでしょうか。

**康介**　そうすっと、うまくやれば口説き落とせるわけっすよね。

**先生**　理屈のうえではそうなるね。でも競争相手がいっぱいいるからむずかしいんじゃな

いか。

**沙織**　康介って、面食いなわけ。ふうん。

**康介**　別に。だれだって可愛い子のほうがいいじゃん。

**亮太**　あら、コウくんたら、だれかお目当てがいるのね。もしかしてこんななかにいたりして。いやん。

**康介**　いねえって。ただ気分が乗ってくるから聞いてるだけよ。

**先生**　ははは、康介君はなかなか正直だね。まあ、せいぜいがんばってみなさい。

しかし、私はただみなさんに希望を与えるだけのためにこんな話をしているのではありません。前に私はこう言いましたね。「心」というのは、さまざまな人のさまざまな発信と受信の交互作用としてはたらく。だからその有様は、放っておくと、無限に多様なもの、無秩序なものにふくらんでいく可能性をもっている。そのことが人間の世界をたいへんやっかいなものにしている、と。

恋愛関係は、その典型的なものです。恋というのは一つの自我の妄想《もうそう》にはじまる一種の「闘い」ですから、それを真剣に成しとげようと思えば思うほど、こちらの動揺と相手の動揺とが軋《きし》みあって、泥沼にハマる危険があります。すれちがいがすれちがいを生んで、それを埋めようとしてまたすれちがいを拡大させてしまう。たがいの神経をすり減らす結果になりがちです。そのことをむしろ私はみなさんに指摘しておきたかったのです。
結論としては、**心のすれちがいは自分たちで解決していくほかはない**ということです。

**亮太**　康介、適当にしといたほうがいいぞ。「少年K、ストーカー行為で逮捕《たいほ》」とか。

**康介**　おまえこそ気をつけろ。

**先生**　そうならないことを祈りますよ。

## いじめってどうしてあるの？

**智子**　先生。先生はこの前の授業で「愛」の四つの分類にそって、その両立のむずかしさについて話されましたけど、私たちには、それよりももっと切実な人間関係の悩みがあることが多いんですけど。

**先生**　というと？

**智子**　同性の友だち同士で、どうやってうまく関係をとっていくかという問題です。

**亜弥**　そうそう。それってほんとにあるある。なんか友だちづきあいって、ときどきひどく疲れるんだよね。

**沙織**　とくに女子はそうだよね。相手のこと、いつも気ぃ使ってさ、消しゴム一つ借りる

のにも言葉選んだり。もっとさばさばしたいと思ってもなかなかそう行かないんですよ。友だちにハブられて、一人で席にじっとしてるのってけっこうつらいし……。

**先生**　なるほど。それはまさにいまのみなさんの「心」を占める問題の重要な部分ですね。深刻ないじめに発展してしまうこともあるしね。

　これまた解決のむずかしい問題です。先生方も頭を悩ませているんですよ。先生方の立場からすると、友だち同士の心理的な葛藤《かっとう》は、いくら気をつけていても、見える部分と見えない部分とがあって、見えない部分のほうが大きいんです。みなさんの交友関係のあまり細かいところに、監督者がいちいち立ち入るのもどうかと思いますしね。

　深刻ないじめが発覚したら、もちろん、私たち監督者の立場にある者は、何らかの生活指導的な行動をとらなくてはなりません。けれど、そうでない場合には、もう、これは基本的にみなさん自身の問題だと思います。冷たい言い方かもしれませんが、何とかうまくやってくれというほかありません。そのうえで、解決できないと感じた人は、両親や信頼できる先生やカウンセラーにもちこむしかないでしょうね。

**亮太**　先生には悪いけどさ、親や先生なんて関係ねえよってとこ、あるよな。あんましお節介《せっかい》しないでほっといてほしいよ。

**先生**　その通りでしょうね。そしてその「関係ねえ」っていう感覚をみなさんがもっていること自体は、みなさんが健全な成長を遂げつつあることを示しているとも言えます。

それでも、授業時間のように管理されていない時間帯では、みなさんは組織としてまとまった集団ではなく、社会性が未熟な、そして攻撃性を多分にもった群れになってしまっていますから、さまざまな心理的トラブルを引き起こしやすい。だから、介入すべきときには介入します。だれかが不登校やひきこもりになったり、精神を病んでしまったり、自殺されたりしたら困りますからね。

**徹**　いじめって、どうしておきるんですか？

**先生**　それは一言では言えません。いろいろな理由があります。

一つは、いま言ったように、狭いところに多数の人間が集まって、長い生活時間をともにするからです。濃密《のうみつ》な仲間関係ほど、疲れる神経戦争やいじめに発展しやすいですね。

そして、これもいま言ったのですが、学校生活には、上からの管理の行き届かない時間帯がたくさんあります。休み時間や部活の時間などですね。こういうときには、組織の統制が乱れていて、それぞれがてんでんばらばらに感情を交わしあう「自然集団」になってしまっています。大人でも、こういう状況におかれると、意識のもっていきどころがなくなってたがいの人格のあら探しをしたくなってきます。人間がもともともっているよくないところが露出してくるのですね。

**智子**　だれでも時と場合によってはいじめる側にまわっちゃうってことですか。

**先生**　私はそう思います。自分だけはそんなことはしないなんて思わないほうがいい。でも、人によって正義感や優しさの度合いがちがうということは、もちろんありますよね。

さて、もう一つは、いじめは小学校高学年から中学校二年くらいがいちばん多い。この年頃は、それぞれの自我がとても強くなってくると同時に、それをまだうまくコントロールする力がじゅうぶん身についていません。自己管理ができずにたがいの攻撃性がむきだしになるために、衝突を引き起こしやすいのです。

三つめに、いじめの場合は、多数が一人を標的にしますね。人間には、集団の空気になじみやすい人と、なじみにくい人とがいます。

この区別も、はっきり決まっているわけではなくて、その集団がどんな空気をもっているかによります。ある空気になじみにくい人は、いじめにあいやすいと言えるでしょう。そして、学校のクラスというのは、流行現象みたいに、ある空気がいったんつくられると一定の期間ずっと続きやすい空間です。

いじめをなくそうとしている大人たちのなかには、「いじめられる側にも問題がある」なんて絶対に言ってはならないと強く主張する人たちがいます。気持ちはよくわかります。しかし、「問題がある」という言い方はよくないにしても、実態としては、「いじめられやすいタイプ」、つまりある集団の空気になかなかなじめないタイプの生徒というのは、やはりいると私は思います。人間にはさまざまなタイプがあるのですから、そういうことがあって当然でしょう。そのことから目をそむけてはいけないと思います。

そういうことを自分で実感できる場合には、その生徒は**無理に周囲になじもう、なじもうとしないほうがかえってよい**と思います。**無理になじもうとすると、それを見透《みす》かされて、よけいいじめの種にされやすい**。つきあいは適当にしておいて、**基本のところでは超然として自分の世界を維持していくことが大切**です。

**沙織**　チョーゼンって言ったって、先生、それってむずかしいよ。自分の世界に入ってると、それだけでムカつかれるんだもん。

**先生**　うーん、たしかにそうだろうね。いじめでいちばんつらいのは何？

**沙織**　やっぱ、ハブられることでしょう。心から話しあえる友達をつくれなんて先生たちは言うけど、そういう問題じゃないんだよ。

**先生**　閉ざされた自然集団は、神経戦争の場だからね。

だとすると基本的には、そういう神経戦争の場にある程度まではコミットして、免疫《めんえき》をつくって図太《ずぶと》くなることも必要だろうね。みんなが知っている情報を知らなくてバカにされたときなんか、傷ついたふうを見せないでうまく自分のダメなところを認めてしまう。

それと、あれは台風みたいなもので、一人が標的にされる期間というのは、じっと我慢していればそんなに長くない。いじめは一種の快楽ゲームだから、必ずそのうち飽きがくると思うんだよ。だからまわりに負けない忍耐力をもつこと。

そうは言っても、同一の空間で一人で闘うには限界があるよね。だから結局、一つの決まった集団に囲いこまれているのがまずいんで、ここで傷ついても、別の集団では自分を発揮《はっき》できるというような居場所を意識的につくることが大切かな。

学校にいるかぎりそれが果たせないんだったら、学校以外の場所にそれを求めることだよ。塾や語学学校、バレエ教室や囲碁将棋《いごしょうぎ》、お料理教室なんてのもいいんじゃないの。知らない大人が集まってくる場所だと、新鮮でよけいおもしろいかもしれない。

あそこでなじめなくても、ここでなら息がつけるっていうふうに、**自分のありかを複数キープしておくのが一つの有力な手**だと思いますけどね。わかってると思うけど、親にそれを頼む場合には、「いじめられてるから」なんて本当のことは言わないほうがいいよ。

でも、いよいよダメなら、親に話して転校してみる。私が言えるのはこれくらいかなあ。

**智子**　先生、台風みたいなものって言われましたけど、その台風が他の子に移っていったら自分は救われるかもしれないけれど、それでいいってもんでもないですよね。

**先生**　それはそうだね。でも自分が被害からどう免《まぬが》れるかという問題と、人がいじめられているのをどうするかという問題とは次元がちがいますよね。
智子さんがそれを黙認《もくにん》できないと感じたら、勇気をもってやめさせるような率先《そっせん》した行動をとればいいんじゃないですか。

**徹**　それって無理ですよ、先生。やめさせようとするとまた台風がこっちに向かってきますよ。僕にそんな勇気あるかどうか、正直言って自信ないです。沙織、自信ある？

**沙織**　わかんない。それとさ、みんなで一人をいじめるわけじゃん。だんだんそういう雰囲気になっちゃうんだよね。だからだれが中心人物かも決められないんだよ。

**先生**　なるほど……。困ったね。たしかに閉ざされた集団て、そういうものだね。いじめてる側には、加害者意識なんてそんなにないんだよね。みんなが傍観者《ぼうかんしゃ》の顔をする。だから始末に負えない……。先生にチクるわけにもいかない、と。

でも、なんかできることはないかな。それはクラスの雰囲気とか、担任の先生の資質とか、いじめられている子の性格とか、その子と自分とのつきあい関係はどうかとか、どういうふうにハブられているかとか、ケースバイケースでちがうと思うんだけれど、とにかく、個別の現場にあたってみないと、私としても一般的なことは何も言えません。

また、たとえ積極的には何もできなくても、自分だけはその仲間に入らないような、巧妙な工夫を凝《こ》らすことはできそうな気がするけどね。そういうことをなるべく多くの生徒

が心がければ、結果的にいじめ集団そのものがだんだんやせ細る理屈になるはずですね。でもやっぱりそんなふうに理屈どおりにはいかないかな。

ただ少なくとも、ここにいるみなさんには、最低限度の勇気とうまく泳ぎぬける力をもってほしい。それはとても疲れることだけれど、何カ月か、せいぜい一、二年の辛抱《しんぼう》です。さっきも言ったように、息をつけるほかの居場所を確保しておくことが大切です。

ともかく、いじめが起きる理由をさらにはっきりさせておきましょう。これまでは、みなさん自身の心理的な理由をあげてきましたが、四つめに、いまの学校教育のあり方が考えられます。この認識は、教育関係者の間でもまだじゅうぶんに行きわたっていません。

こんなことはみなさんに向かって言うべきではないのかもしれませんが、いまの日本は昔にくらべてとても豊かになりました。その結果、子どもたちのなかで、いっしょうけんめい学校に通って勉強すれば、将来えらくなったり、豊かな生活を確保できるという感覚が薄れてしまったのですね。言いかえると、みなさん自身がなぜ学校に通わなくてはならないのかという理由を、心の奥深いところで納得していないのです。

いまどき、学校を将来の出世のためのただ一つの道と考える子どもなんていないでしょう。親や教師も、なぜ学校に行かなくちゃいけないの、と聞かれて、うまく答えられなくて困っているんですよ。そこが昔とちがうところです。

**亮太**　オレもそれ、聞こうと思ってたんだ。学校の勉強なんて将来役立つのかな。

**先生**　それは、だれが、いつ、どんな勉強をするかによって役立つとも言えるし、役立たないとも言えるんだよ。でも、この話をしだすときりがないので、ちょっと別の機会にゆずろう。いじめの話に戻りますよ。

いま言ったように、子どもたちの間で、学校に通って勉強する動機《どうき》が薄くなってしまうと、長い時間学校に拘束《こうそく》されている意義がはっきりしなくなりますね。だから、生徒たちは、先生が教室にいてさえ、だらしない「自然集団」に近い状態になりがちです。うるさくて授業にならないクラスというのが、いま全国にいっぱいあります。こういう雰囲気だと、やっぱりいじめも多くなるでしょうね。

それで、さっき、いまの学校教育のあり方が問題だと言いましたね。学校に通って勉強して将来えらくなったり豊かになったりしようという動機が薄れてしまった時代なのだから、そういう時代に合うように教育のあり方を根本から見直さなくてはなりません。これは、大人たちの責任です。

このことをきちんと果たさないと、さっき出た「なぜ学校に行かなくちゃならないのか」とか、「勉強なんて将来役立つのか」という子どもたちの疑問にきちんと答えたことにならないのです。もし、みなさんがそれぞれの立場で、学校に通うこと、勉強することにはこういう意味があるということを心から納得できるような教育体制、社会体制になっていれば、そういう疑問は自然消滅するはずですからね。

さしあたり、いまを生きているみなさんの心構えとしては、与えられた枠組みのなかで、致命的なトラブルを引き起こさないように、それぞれがなるべく賢く振る舞う。友人関係についていうなら、相手と場合に応じてうまく距離をとることです。どうしてもとれない場合には、それに直接かかわっている私たち大人が支援の手をさしのべる。私としてはそう答えるしかないですね。

「愛」に関して、やっかいな葛藤《かっとう》の話ばかりしましたが、みなさんの気持ちをげんなりさせようと思ってのことではありません。人を愛することにはどうしてもこういうやっかいさがともなうからです。これからいやでもだんだん大人になっていくみなさんには、そういうやっかいさを引き受ける覚悟をもってほしいのです。

次回は働くこと、職業につくことについて話します。

第7回目

# 「働く」ってなんだろう?

**先生**　みなさんはほとんどが、将来、何か職業について働くことになりますね。あるいは、一定の職業にはつかずに、家庭で家事や育児に精を出す人もいるでしょう。でもこの場合も働くことには変わりありません。この「働くこと」にはいったいどういう意義があるのかということを考えてみましょう。

## なぜ働くのか?

**先生**　最近は、働くことに意義が感じられなくて、ひきこもりとかニート(無業者)と呼

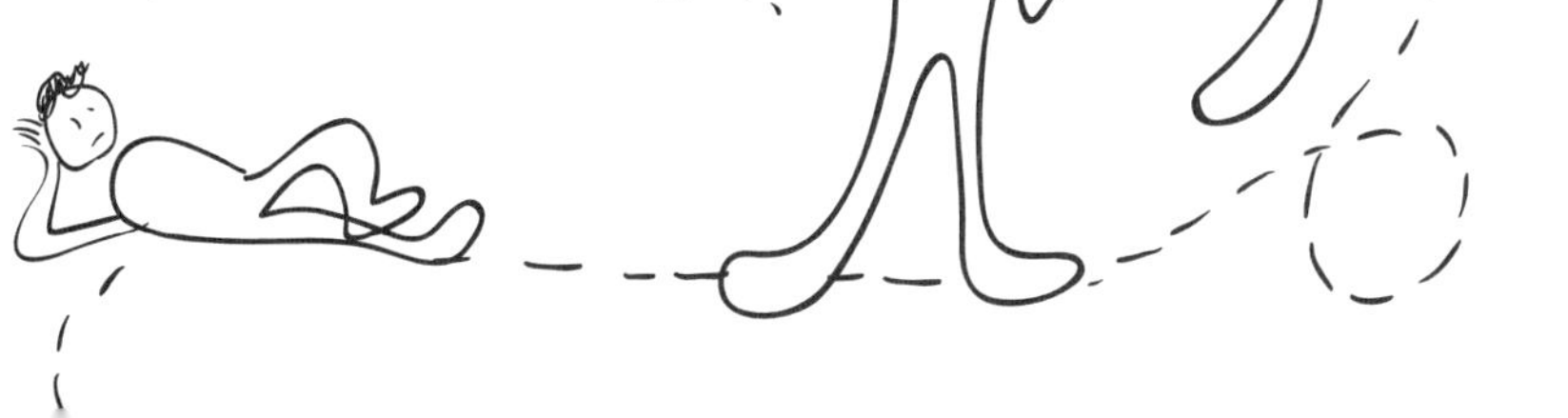

ばれる若者が増えていると言われています。こういう若者が増えるのには、それなりの社会事情がありますが、いまそのことは脇《わき》においておきましょう。

　私は、やはりみなさんにひきこもりやニートになってほしくはないと思っているので、働くことにはどういう意義があるかについて、できるだけみなさんの立場に立って説いてみようと思います。

　なぜ人間て働くのでしょうね？

**康介**　食ってけないからじゃん。
**先生**　もちろんそうですね。食べていけないからです。ではなぜ食べていけないと困るのですか。
**沙織**　生きていけないから。
**先生**　ではなぜ生きていかなくてはならないのですか。
**亮太**　だって、死にたくないじゃん。生まれた以上、楽しい人生送りてえよ。
**先生**　そうですね。それ以外に理由がありませんね。この先はもう行き止まりです。でも人生には不幸もつきものですね。
**智子**　もし、人生が苦痛ばかりだったらどうなんだろう。人生って意味があるんですか？わたし、ときどき人生って何の意味があるのかとか考えちゃうんですけど。死ぬのが怖いから生きてるだけじゃないのかな。

**亮太**　暗いぜ、智子。思いつめんなよ。悪いけどオレ、そういう考え方、好きになれねえな。

**先生**　でも智子さんのような感じ方にも根拠があります。人生そのものにもともと意味なんてありませんよ。残念ながらね。

**亮太**　えっ、マジっすか。そんなこと先生が言っちゃっていいの？

**先生**　あらかじめ与えられた意味などないと言ってるんですよ。亮太君が言ったとおり、生まれてきた以上、人生をできるだけ充実させたほうがいい。だから、人生の意味は、人が自分の人生には限りがあるということに気づいた時点から、何とかひねりだしていくものだということです。

じつは、いまみなさんとやってみた問答のしかたは、あまりいいやり方ではありません。というのは、第一に、いま試してみたとおり、死にたくないからしかたなく働くというのではあまりにネガティヴな理由づけにしかなっていません。

また、楽しく人生を送りたいから働くといっても、人生の大部分は働くことで占められてしまっています。その働くことがつらさや苦しさをともなうなら、楽しさを味わうべき残りの部分はすごく少なくなり、いったい何のための人生だということになってしまうか

らです。

こういう問答の拙《つたな》さがどこにあるかというと、矢印でたどれるような論理の順序だけを直線的に使ってものごとを考えようとしている点にあります。働くことにどんな意義があるかと考えるとき、「それは何か別のあることのため」というように、「働くこと」そのものの外側に理由を探そうとしているわけですね。そうではなくて、その内側に理由を求めるべきです。なぜなら、いま言ったように、私たちの人生の大きな部分は、働くことで占められているのですからね。

このやり方がまずいもう一つの点は、ただ「働く個人」の欲求とか感情に沿ってだけ、理由を考えだそうとしている点です。こういうやり方を、主観的な考え方と言います。その意味では、たったいま私が言ったこととといっけん反対のことを言うようですが、頭のはたらかせ方としては、主観的な欲求や感情の外側に出てみなくてはなりません。

主観的な欲求や感情の外側に出ながら、その問題になっている事柄の内部に理由を探る――いかにもむずかしいやり方に聞こえますが、まあ、どうしてもこういうやり方をとる以外ありません。

さらに、次のようなことを考えてみてください。もし働くことの意義が「食べていくため」というところだけにあるのだとすると、働かなくても「食べていくこと」がじゅうぶんに満たされるなら、すべての人は働くことをやめてしまうはずです。

実際、だれもがある程度そういう傾向をもっていることはたしかです。一生遊んで暮らせるだけのお金を得ると、たいていの人は大邸宅《ていたく》を建てたり、世界中を旅行したり、ギャンブルや趣味にお金をつぎこんだり、おいしいものをたらふく食ったりと贅沢三昧《ぜいたくざんまい》をしますね。私もたぶんその種のことをするんじゃないかと思います。

でも、個人の贅沢には限度があります。勝手に遊び暮らすだけでは人はけっこう飽きてしまうんですね。たとえば、マイクロソフト社の創業者の一人、ビル・ゲイツは、若くして世界一の大金持ちになりましたが、彼がその後、働くことをやめてしまったかというと、そんなことはありません。次々に事業を拡大しようと試みています。エジソンなんかもそうですね。

こうした例を見ていると、**「働くこと」の意義が必ずしも「食べていくため」だけにあるのではない**ことがおぼろげながらわかるでしょう。つまり、「働くこと」の内部には、それ自体として人生に充実をもたらすような何らかの理由が潜《ひそ》んでいて、それが私たちの働く意欲を支えているにちがいないのですね。それはいったい何かということを探っていきましょう。

徹君、何か言いたそうですね。

**徹**　働くことによって、自分の好きなこと、得意なことを活《い》かせるからじゃないですか。

**先生**　それは有力な理由の一つですね。でも、その理由は、いくつかの点で決定的とは言えません。

一つは、多くの人は、残念ながら自分の好きなこと、得意なことを活かせるような仕事につけるとはかぎりません。むしろそういうことは少ないと言ったほうがいいでしょう。また、たとえ好きなこと、得意なことをうまく選べた場合でも、職業にするとなると、きつさ、つらさがつきものです。はじめはわくわくして入りこんだ世界でも、途中で嫌気《いやけ》がさしてしまったり、苦しみに耐えながらその仕事を何とか続けていくといったケースが実際にはほとんどです。

たとえば野球が得意でプロ野球の選手になりたいと思って一応その夢がかなったとします。でもあれはたいへんな競争の世界で、頭角《とうかく》をあらわすのはほんのひと握りの人たちです。一軍のベンチウォーマーにさえなれない人たちが大半ですね。

さらに、自分の好きなことや得意なことがあらかじめはっきり決まっているという人もごく少数派です。現実には、何だかわからずともかくある仕事についてみる、というのが大半でしょう。

そして努力を続けているうちに、その世界である程度認められたり成果をあげたりする。

そうすると、だんだん、ああ、けっこうこれは自分に向いていたんだというように、あとから実感できる場合のほうがずっと多いと言えます。しかも、一回飛びこんだ世界で「当たり」というわけにはいかなくて、いろいろと試行錯誤《しこうさくご》してみないとわからない、ということもしょっちゅうあります。

最近の大人たちはよく、何の仕事についたらよいか迷っている若者に向かって、「君の本当にしたいことは何か」と問いかけますが、私はこういう問いかけ方はよくないと思っています。「本当にしたいこと」？　それがはじめからわかっていれば世話はありません。現実性がなくてもいいからともかく夢を語れというなら、話は別です。小学校低学年くらいの子どもに向かって、「大きくなったら何になりたい？」と聞くのは、こういうケースですね。それはそれでかまわないと思います。

でも、みなさんくらい以上の年齢になれば、現実の厳しさをうすうす知っていますよね。そういう人たちに向かって、「本当にしたいことは何か」などと問いつめても、なかなか答えがすぱっとは出てこないのがふつうでしょう。

いまの日本のような社会を自由主義社会といいますが、「君が本当にしたいことは何か」というような問いかけが出てくるのは、自由主義社会の特徴なのです。

江戸時代までは、身分が決まっている社会でしたから、個人が自由に職業を選ぶことはできませんでした。武士の子は武士になり、農民の子は農民になり、商家に生まれたら、その店を継《つ》いだり、別の店に丁稚《でっち》奉公《ぼうこう》に出されたりするのが当たり前だったのです。

いまはそうではありませんね。農家の出身で、大学教授になってもいっこうにかまわない。大会社の社長の息子が経営を継がずに、絵描きになることもできる。憲法でも、「職業選択の自由」がうたわれています。もちろん、こういうことができるのはよいことです。しかし百パーセントよいことかというと、必ずしもそうとは言えません。その理由は二つあります。

一つは、いま言ったように、「何でも好きな道を選んでいい」などと言われると、多くの若者は、何を選んでいいか困ってしまいます。

若くて職業経験などほとんどないからこそ、**「本当にしたいこと」なんてよくわからないのが当然**なんですからね。それはちょうど料理が載《の》っているお皿をたくさん並べて、少しだけ料理を見せて残りを布で覆《おお》っておき、さあ、君の自由だから好きなものを選んでいいよというようなものです。

もう一つ問題なのは、「君が本当にしたいことは何か」といった問いかけは、厳しい現実を見えなくさせてしまう作用をもっていることです。

世の中は、何でも自由に選べるように見えて、じつはそれほど自由ではありません。人はつねに自分の欲求と、それを満たすのに必要な条件、またそれを阻《はば》む条件との間に折りあいをつけながら、選択意志を固めていくのです。

もっと言えば、欲求それ自体が、すでに条件によってつくられています。たとえば、お腹がすいて何か食べたいという欲求は、人間が動物であるという生理的な条件によってつくられたものです。

人が何かの職業につきたいと思うときにも、同じように、能力、適性、学歴、親の経済力、住んでいる地域などの個人的な条件をすでに相当背負ってしまっていますね。それらは、高いところに立って多くの人を比較する立場にある人からはよく見えるけれど、渦中《かちゅう》にいる若者自身にはあまりよく見えません。

しかも、これらの個人的な条件に加えて、社会の側にも、産業のしくみとか、景気の具合とか、会社の都合とか、法律のあり方といった、さまざまな条件があります。

こういう個人の条件と社会の条件とがうまくマッチしたときには、「好きな道」を選んだという実感が得られるでしょうが、マッチしないときには、不遇感《ふぐうかん》を抱えることになってしまいます。いわゆる「負け組」というやつですね。

そのことをよくよく覚悟して選んでいかなくてはならないのが、職業選択なのですが、「本当にしたいことを探せ」「何でも君の自由にしてよい」式の言い方は、こうした現実の

厳しさを押し隠してしまいます。

だから、自由主義社会の職業観には、それ特有の、あまりよくない面もあるのです。そういうことをみなさんくらいの未熟な年齢向けに勧めている本などもあります。しかし、そういう本は、ただ「自由」という言葉の美しいところだけを取りだして、具体的にどうするのかを教えない、世間知らずで無責任な本だと私は思います。

**徹**　先生は、その二つのよくない面をどうしたら解決できると思いますか？

**先生**　一つは、もっと早い時期から、お皿を覆っている布を取りはらって、みなさんに料理の全貌《ぜんぼう》をなるべく見せることですね。そのためには、もうみなさんくらいの年齢から、学校教育とは別に、いろいろな職業訓練を少しずつ受けられるようなしくみをつくるのがいいと思います。

もう一つは、親も含めて、子どもの教育にかかわる私たち大人が、「何でも自由に」なんて考え方を改めて、一人ひとりの子どもに適した、もっと具体的で積極的なアドバイスや方向づけをしてやることでしょうね。

## 一人前の人格として認められる

**先生**　さて、もう一度、働くことの意義はどこにあるかという話に戻りましょう。ほかにだれか思いつきませんか。

**亜弥**　うちのお父さんてぇ、働いてばっかしいるんだけどぉ、よく「働かざるもの、食うべからず」とか言ってるよ。なんか働くのはとにかく人間の義務だって、頭から思ってるみたい。

**先生**　それもまた、有力な答え方の一つですね。要するに、働く意欲を支えるものは何かという問いにたいする答え方の二番目として、「それは勤勉《きんべん》であろうとするモラル（道徳）だ」というのがあると思います。働くことは、それ自体が人間に課せられた尊い使命なのだ、とか、働くことによって社会貢献《こうけん》を果たすのだ、といった考え方ですね。この種の考え方はちょっと宗教的です。

もちろん、こうした答え方は、現に精力的に働いている人、一定の職業に生き生きと携《たずさ》わっている人にとっては、かなり実感と納得を呼びおこす答え方です。勤勉のモラルが衰えると、現に人は働かなくなってしまいますからね。

でも、この答え方もやはり不十分です。というのは、働くことは人間の尊い使命だとか、それによって社会貢献が果たせるのだといったモラルだけをいくら掲《かか》げても、そのように感じない人には効き目がないからです。

あんまり積極的に働く気がなくて、食っていければいいやと思っている人や、全然働く気がない人にこういう考えを押しつけても、急に目覚めていっしょうけんめい働くようになるなどということは、まずありえないでしょう。

また、働くことの意義を、「働くことそれ自体が尊い」というように、道徳的なところだけに求めると、思わぬ落とし穴に陥《おちい》る危険があります。それは、いま、この考え方はちょっと宗教的だと言ったことに関係があります。どういうことでしょうか。この宗教的ということについて少し説明しましょう。

宗教というのは、一言でいえば、人間の知恵では乗り超えることのできない不安とか、恐怖とか、苦痛を「物語」によって救済しようとする文化的な営みです。その「物語」をつくるために、「神様」や「仏様」などの目に見えない存在を立てるのが、宗教の特徴です。

これにはよい面と悪い面とがあります。よい面は、実際にその宗教を信仰する人々が不幸な感情から救われて慰《なぐさ》められ、幸せな気分で日々を送れることが多々あるという点です。でも悪い面もみなくてはなりません。

ほとんどの宗教は教団とか教典とか教会などをつくって、それを権威《けんい》の印として多くの人々をそこに集結させます。そうすると、たいていの場合、その権威を握《にぎ》っている幹部の人たちが、ふつうの信徒たちの感情を支配することになります。感情がひと握りの幹部にいったん支配されると、幹部たちの無理な要求や説教に逆らえなくなってしまうことが多いのです。

別に無理と感じなければいいのですが、なんかヘンだなと感じた場合でも、権威に逆らうのは怖いのでなかなか逆らうことができません。そうなった場合、現実の不安や苦痛はちっとも取り除かれていないのに、救われたということに強引《ごういん》にされてしまいがちです。また、信仰心が強すぎると、ちがう神様を信仰する人々同士で、悲惨な争いを繰り返すということも人類はたびたび経験してきました。

だったら宗教団体なんかに入らなければいいじゃないかと思うかもしれませんが、私はいま、とくに宗教団体の危険な側面を説きたかったのではありません。だれでも不安や恐怖や苦痛から解放されたいと思っていますし、また、だれもが自分の知恵を超えたものにたいする畏《おそ》れの念を抱えています。これがそもそも信仰心の源《みなもと》です。それ自体は悪いことではありません。

しかし、わざわざ宗教の悪い面をとりあげたのは、私たちの身のまわりにあるさまざまな情報システムや組織や政治体制などのうち、だれにでも多少はそなわっているこの信仰心を利用していないものは一つもないということを示したかったからです。

マスメディアがつくりだす情報の世界、会社、国家は言うに及ばず、小さな趣味のサークルですら、何らかの信仰心を利用したところに成りたつ共同体だと言えます。それらは多かれ少なかれ、宗教的なものをもっているのです。

信仰心を利用するところに成りたつ共同体もまた、それ自体ではよいとも悪いとも言えません。けれども、すべての宗教と同じように、それはよい面と危険な面とをそなえています。つまりみなさんを幸福にすることもあるし、不幸にすることもあるということですね。

話が飛躍《ひやく》してしまいそうなので、元に戻しますが、「働くことそれ自体が尊い」という考え方も、一つの信仰のようなものです。それで、この考え方を悪用しようとすれば、宗教がもっている悪い側面と同じように、みなさんを不幸に陥《おとしい》れることがありえます。

私がいま具体的に思い浮かべているのは、そのもっとも極端な例、ヒトラー率いるナチス・ドイツが第二次大戦中にユダヤ人にたいして行なった、収容所に囲いこんでの強制労働です。

ナチスのユダヤ人迫害《はくがい》がいかに恐るべきものであったかについては聞いたことがありますね。ここではくわしく語っている余裕がありませんので、聞いたことがない人は、歴史の教科書などで調べてみてください。

ナチスがつくったユダヤ人収容所の入り口には、「労働こそ自由である」という意味の標語が掲《かか》げられていました。この例は、圧制的な権力が勤労のモラルを悪用した好例です。このような例を視野に入れると、「働くことそれ自体が尊い」というモラルが働く意欲を支えるのだという考えだけではかえって危険だということがわかってもらえると思います。

そこで、もう少し突っこんでみる必要があります。それは、多くの働く人たちに、働くことは尊いと思わせているその条件はいったい何だろう、と考えてみることです。

そのように問わないと、たとえば多くの若者たちの間で働く意欲が衰えてしまったとき（いまの日本はそうなりつつあるのですが）、どうやってそのモラルをうまく立て直せばよいのかがわからなくなります。ひきこもっている人たちやニートの人たちを少なくするために、彼らをモラルによって強制労働に駆《か》りたてるわけにはいきませんからね。

多くの働く人たちに、働くことは尊いとか、働けることはありがたいとか、働くことが生きがいだなどと思わせているその条件はいったい何だろうか？

この問いにたいしてまず思い浮かぶのは、十分な報酬が得られるという答えです。これはその通りなのですが、問題はこの報酬という言葉をどう解釈するかです。

ふつう報酬といえば、お金を意味しますね。お金がもらえるから働く意欲が湧《わ》くというのは、多くの場合に当てはまるいちばんわかりやすい解釈です。

しかし、最初に話したことを思い出してください。この解釈だと、お金があり余るほどあるなら、やっぱりみんな働かなくなってしまうという結論に逆戻りです。私たちは、必ずしもそうではないというところから、話をはじめたのでした。災害時のボランティアの人たちなど、お金抜きでいっしょうけんめい働いていますよね。

では、「報酬が得られる」という言葉をどのように広げて考えればいいでしょうか。

ここで、人間が何か労働をするという場合、実際にどのようにしているかを思い浮かべてください。

たとえば、亮太君がファミレスでウェイターのバイトをやるとする。もちろん亮太君は、惚《ほ》れこんだヤマハのバイクを買うお金がほしいからという目的でやっている。でも、そういう個人的な欲求を満たすことが目的でバイトをしていても、その仕事がきちんと成りたつためには、いろいろなことが必要です。

まず、雇《やと》われることについてのオーナーや店長との合意。

これは彼らが、亮太君を明日からの働き手として認めること、つまり彼らの期待通りに一人前の仕事をしてくれそうだという判断を下すことを意味します。亮太君のほうも、これくらいの働きならできそうだし、時間と給料のバランスもまあまあだし、などと、自分自身の能力や都合をみながら判断を下しているわけです。

この合意の成立は、亮太君が自分自身の労働力を一種の商品として、商取引の世界に投げこんだことを意味します。いいですか、自分自身の一部が売り物として期待される関係に入ったのですよ。そういう関係に入りこまないかぎり、いまの社会では、働いて稼《かせ》ぐということが成りたちません。

次に、亮太君自身の仕事についての理解と実行力。

お客さんへの接し方や、料理の運び方、レジでの料金チェック、混んできたときに適切にお客さんを案内する手順、コックさんやほかのウェイターたちとの連係《れんけい》プレーのしかた等々。これは、ファミレスというすでにできあがっているサービスのシステムを亮太君が受けつぐということです。このサービスのシステムは、長い時間をかけていろいろな人が試行錯誤しながらつくりあげてきたものです。そこには、多くの人の労働がこめられているわけですね。

それから、ファミレスでは、建物以外にも、いろいろな食材や道具や電気・ガス・水道などのエネルギーを使います。これらの資源が手元になかったらファミレスは成立しません。したがって「ファミレスのウェイター」というバイトも存在しないことになります。この資源にもまた、手元に届くまでに、多くの人の労働がかかわっています。

さらに、お客さんの存在。

お客さんが来なければ、ウェイターの仕事は干《ほ》されてしまいますね。当たり前のことですが、お客さんはファミレスのサービスの消費者であって、いわば亮太君の間接的な取引相手です。この取引相手は、食事をしたらお金を払います。

そのお金をどうやって得てきたかといえば、だいたいがその人自身の労働によってですね。もちろん、おごってもらうとか、専業主婦が夫の給料から出すこととか、子どもがお小遣いから出すなどの場合もありますが、いずれにしても、客の財布から出てくるお金には、だれかの労働がこめられています。

以上で何が言いたかったかといいますと、**この社会は、じつに多くの人々の労働が積み重なってつくられた、巨大なネットワークシステムによって成りたっている**のだということです。一人の人が働いて稼ぐということは、このネットワークシステムのなかに、それを機能させる一員として自分を投げこむことを意味します。

さあ、そうであるかぎり、働いて報酬を得るというときの「報酬」とは、何でしょうか。形のあるものとしては「給料」にちがいありません。しかしじつは、ちゃんと働いたので給料をもらったというそのこと自体のうちに、かたちにならないある意味がこめられているのです。それは、亮太君が、ウェイターというサービス提供者として一人前の人格の持ち主であると認められたということです。このことはたいへん重要です。

一人の人間が人間であるために何が大切か。もちろん衣食住の確保が第一にあげられるでしょう。しかし、それと同じくらいに大切なのが、**人同士かかわりあう世界で誇りを保てる**ということです。このことを「矜持《きょうじ》」と言います。

では、矜持を保つためには何が必要か。

みなさんは、他人より優れた能力を示すとか、権力や高い地位を確保するとか、よいことで有名になるとか、美貌《びぼう》の持ち主だとか、異性にモテるとかいうことを思い浮かべるかもしれません。しかしこれらは、すべて人と比較して個人が抜きんでるという部分に注目したうえでの答えです。いわば「特殊な項目」に過ぎません。じつはこうした特殊な項目の基礎に、それを支える一般的な矜持の条件があるのです。

では、一般的な矜持の条件とは何でしょうか。

それは、周囲の人に人間として認めてもらうことを通して、自分が社会の一員であることを自分で認められるということです。言いかえると、**自分が周囲の人から必要とされる存在であると確信できる**ことです。

この「必要とされる存在」という言葉は、二つに大きく分けられます。一つは、「**取り替えのきかない個人として気にかけられる存在**」という意味あい。そしてもう一つは、「**まともな社会人一般として相手にしてもらえる存在**」という意味あい。

前者は、家族の一員であったり、友人がいたり、恋人がいたり、というかたちで満たすことができます。前に話した「愛」の関係を少しでもキープしているかどうかですね。

そして後者こそ、ここで問題にしている「働くことの意義」にかかわります。給料をもらえたということは、あの巨大なネットワークシステムを機能させる一員としての免許状がもらえたということです。だから、その人は、そのときまさに「まともな社会人一般として相手にしてもらえる存在」になったことになります。

もしかすると、亮太君は給料がもらえたとき、「これでヤマハが買えるぞ」とうれしい気持ちでいっぱいになるだけかもしれません。しかし本当はそれだけではなく、**給料が手渡された瞬間に、社会人としての承認を得て**、そのことによって、**人間一般としての矜持を手にしてもいる**のです。

**亮太**　なんか、オレ、バイト代もらうと、えらくなるみたいっすね。でも、バイト代もらうくらいでえらくなるんかな。

**先生**　別に、えらくなるわけじゃないんだよ。要するに、子どもから大人に一歩近づくっていうことだよ。だってそうでしょう。君がもらったバイト代は、君が仕事の責任をちゃんと果たしたってことの証拠の意味をもってるじゃないか。たぶん、やってみるとわかると思うよ。

また、大多数の大人は、家族を養うためや給料をもらうためにしかたなく働いていると思っているけれど、この場合には、逆にやめてみると、それだけじゃなかったことが身にしみてわかるはずです。給料には、ちゃんと精神的な意味がこめられているのです。

何十年もいっしょうけんめい企業に勤めてきて、定年退職間近になってから、さあ、これからはオレの好きな人生を歩むぞと思っていた人が、実際に退職したとたん、空虚感を抱えてがくっと老《ふ》けこんでしまう、などという例があるのも、このことに関係があります。

**康介**　あのうですね、世の中にはちゃんと働かないのに給料もらってる人もいるじゃないすか。そういうのって、給料が証拠にはならないんじゃないすか。

**先生**　鋭いつっこみだね。でもそれは、ある時間、職場にいて働いている格好をつけたらそれだけで給料をもらえるという体制のどこかに甘さがあるからです。その甘さに乗《じょう》じてさぼる人がどうしても出てくるんですね。どこの世界にも必ずそういう人はいます。またなだれでも多少はそういうずるさをもっているとも言えるでしょう。

けれど、だからといって、働いたらそれに見あう対価をもらうという「ギブ・アンド・テイク」の考え方の基本がまちがっていることを意味しません。実際の雇用関係のあり方はじつに多様ですから、ある体制のもとでは、すごくそういう甘さが出てしまうということがあるでしょう。そういう場合には、そういう甘さをチェックできるように、体制の見直しをはかればいいんですよ。

## ボランティアの「報酬」とは?

**先生**　さて、これで「働くことの意義」がどこにあるかがだいたい飲みこめたと思います。この社会は、働く人たちの巨大なネットワークによって成りたっているので、その社会と具体的な関係を結ぶことができるということが、人間であるために欠くことのできない条件の一つなのです。

社会と関係を結ぶこうした行為を繰り返していくことによって、その人の矜持《きょうじ》がより確固としたものとなる可能性が開けていきます。

でもそれは、あくまで可能性ですよ。条件がすごく悪かったり、運が悪かったり、職場の人間関係が悪かったりということも人生にはつきものですから、働けば働くほど、嫌気がさしてくることももちろんあります。しかし、たとえ偶然の積み重なりでそういうことがあったとしても、「働くことの意義」がどこにあるかという問いの答えは、いま話してきたようなところにある。その原理は変わりません。

**徹**　原理はわかったような気がしますが、そういう悪い偶然の積み重なりを避けるにはどうすればいいんですか?

**先生**　それはたいへんな広がりをもつ課題です。個人が偶然を避けることは、ある程度まではできますが、限界があるでしょうね。とすると、個人にとって偶然と思えるものが、じつは偶然ではなく、ちゃんと客観的な理由があると考えるべきでしょう。

しかしその客観的な理由が何であるかを解きあかすには、社会全体のしくみがどうなっているかという問いに踏みこまなくてはなりません。それがはっきりしないと、偶然による「負け組」の問題は解決しませんね。これまでもさんざん試みられてきたのですが、これから生きていく人たち全員、とくに優れた洞察力《どうさつりょく》と視野をそなえた人たちが知恵を絞《しぼ》って考えていくしかないでしょうね。

徹君、もしその気があるのだったら、よく勉強してください。この「倫理」の授業の範囲内でうまい答えをすぐ出せといわれても、それは不可能です。

**智子**　あの、いいですか。先生は、働いて金銭的な報酬をもらえる例を使って「働くことの意義」を説明しましたけど、家事育児労働とか、ボランティア活動みたいに、金銭的な報酬をもらえない場合には、その意義はどうなるんですか。なくなってはしまわないんですか。

**先生**　いい質問ですね。

お金を稼ぐ労働が、社会活動のなかで中心的な位置を占めていて、いちばんわかりやすいので、その例を出して説明しました。しかしさっきも言ったように、問題は、「報酬」という言葉をどう解釈するかです。

「報酬」の本来の意義は、それによって**自分の活動が他の人々に価値あるものとして認められる**ところにあります。そのことで自分が共同社会の一員としての資格や力をもっているという誇りが得られるのです。

お金を稼ぐ労働の場合には、その誇りを実感できるかなりの部分が、お金を手にするという目に見える行為そのものに宿っているのです。人は、自分が手にしたお金で今度は新しい欲求を満たすことができるし、新しい相手（売り手）の欲求をも満たすことができます。この両方が実現することが、個人が社会の一員であるという誇りを保つために欠くことのできない条件です。

人類は、お金という、どこでも通用する特別の商品を考案し、これを使ってだれにとってもわかりやすい循環《じゅんかん》のシステムをつくりだしたのです。これは、よい知恵だったと思います。

なぜなら、人は、たがいのかかわりのなかでこそ生きているので、何の理由もないのに相手が喜ばないような振る舞いをして自分が幸福になるというような人は、もともとそんなにたくさんはいないからです。そういう人は、「悪人」とか「かわいそうな人」とか呼ばれます。

この循環システムの利点そのものは、いまのところ動かすことができないと思います。このシステムが整っているおかげで、自分の労働が奴隷《どれい》のように強制されたものではないという実感が得られるのです。その意義を侮《あなど》ってはなりません。

けれどもまた、言うまでもなく、「報酬」の本来の意義がお金によってすべて満たされるわけではありません。さっき私は、お金を手にする行為には、誇りを実感できる「かなりの部分」が宿っていると言ったので、すべてが宿っているとは言いませんでした。

働くことの「報酬」は、その働き方しだいで、いろいろなかたちで返ってくる可能性があります。**いい仕事をしたとほめられること、自分自身が達成感を感じること、仲間と協力しあって成功し、喜びを分かちあえること、その活動を差し向けた相手に喜んでもらえること**、など。これらの「報酬」もまた、自分が人間としての誇りを保てることに大いにつながります。

家事育児労働やボランティア活動で得られる「報酬」は、こういう精神的な要素に宿っている部分が大きいですね。

たとえば育児労働によって得られる「報酬」は、お金に換えることのできない最たるも

のです。子どもが親の愛情に応《こた》えて親を慕《した》い、親子のいい関係が保たれ、その結果、子どもが健やかに、立派に育ってくれること、これが親が得られる「報酬」です。それが得られるなら、そこに育児労働の意義があったと言えるでしょう。

**亜弥**　働いて稼《かせ》がないと、人間としての誇りは得られないんですか？　あたしぃ、正直言って、将来あんまし仕事とかしたくないんだけど。

**沙織**　亜弥ぁ、さては「玉《たま》の輿《こし》」ねらいだな。亜弥ならイケるかもね。

**先生**　いやいや、亜弥さんのもなかなか微妙なところを突いた、いい質問ですよ。

前に、人間にとって一番重要なことは、自分が周囲の人から必要とされる存在であると確信できることだと言いましたね。そのとき、「必要とされる存在」という言葉は「取り替えのきかない個人として気にかけられる存在」という意味あいと、「まともな社会人一般として相手にしてもらえる存在」という意味あいとの二つに分けられると言ったのを憶えていますか。

これまで説明してきたのは、この二つの意味あいのうち、主として、後の場合に即してでした。私は、労働によって後の場合が満たされることが、人間としての誇りが得られることにとってもっとも重要な条件の「一つ」をかたちづくると言ったのです。前の場合についてては、いま、智子さんの質問に答えた以外にはほとんど触れませんでした。

ところで、亜弥さんが「玉の輿」願望からいまの質問をしたのかどうかはともかくとして、働いて稼ぐということに興味がもてないなら、「愛情で勝負！」という生き方があることもたしかでしょう。

私は、「人は絶対、何かの職業について自力で稼がなくてはいけない」などと言うつもりはないのです。仕事にたいする興味の有無ばかりでなく、人には向き、不向きというのもありますからね。

お金を自分では一銭《いっせん》も稼がなくても、家族にいっしょうけんめい愛情を注ぐことで誇りが得られるなら、そういう生き方ももちろん「あり」です。家事育児に専念する専業主婦（夫）という生き方がそれに当たりますね。その場合だって、はじめにもことわっておいたように、「働く」ことには変わりありません。

どんな生き方を選ぶにせよ、最終的には、誇りを維持できるかどうかの問題です。そして、本当の誇りというものは、自分の振る舞いにたいする周囲の人々の評価や信頼を自分の一部として取りこまなければ維持できるはずがないのです。だれだって、世間の鼻つまみ者にはなりたくないでしょう？

みなさんの中には二人の「自分」がいます。評価される自分と評価する自分です。誇りは自分で自分を評価するところに生まれるのですが、評価する自分の眼は、これまでつきあってきた周囲の人々によってつちかわれたものです。

だから、お金を稼ぐ努力をしないで生きたって全然かまわないのですが、その場合には、それにかわる何か、愛情から出た活動とか、人を惹《ひ》きつけてやまない魅力とかによって、「必要とされる存在」になることが要求されるでしょう。要するに、評価や信頼を得られるように自分を磨《みが》くということですね。それはそれで、けっこう険《けわ》しい道だということを覚悟しておいたほうがいいですよ。

小さな子どもの場合には、か弱く可愛いですし、産んだ親の特別の感情に包まれているのがふつうです。だから、自然体で生きているだけで「取り替えのきかない個人として相手にしてもらえる存在」であることができます。でもみなさんは、好むと好まないとにかかわらず、いずれ大人にならざるをえません。大人になるということは、大なり小なり、自然体のままで周囲から受け入れられる状態を捨てることを意味します。ですから、**「取り替えのきかない個人として相手にしてもらえる存在」になるためには、そういう存在にふさわしいだけの力を獲得する必要がある**のです。

**亜弥**　ふう……。やっぱ、大人になるってたいへんなんだ。

**先生**　たいへんなんです。でもそのたいへんなところをくぐり抜けて得られた誇りや自尊《じそん》心《しん》は、必ず、子どもには手の届かない大人特有の「自由」の感覚に結びつくはずです。

前にも言いましたが、大人は大人としての責任を果たしてこそ、自由を享受《きょうじゅ》する資格が得られます。そして、**働くことは、責任を果たすことを通して自由を実感するための最も重要な条件の一つ**なのです。

みなさんがやがて何らかの職業につくとき、このことをよく思い出してください。嫌気がさして途中で放りだしてしまいたくなったり、ひきこもりたくなったりすることもたくさんあるでしょう。一時的にそうしてもやむをえないと思いますが、それはあくまでも再出発のためのステップなのだというポジティヴな気持ちをくれぐれも忘れないように。

時間が来ました。次回と最終回とで、法律や罪について話しましょう。

# 第8回目

# なぜ「法」を守る必要があるんだろう？

**先生**　今回と次回とで、法や犯罪について話します。なぜ私たちは法律を守る必要があるのかというのがテーマですが、後半は、みなさんにとって知っておいたほうがよい実際的な知識を交《まじ》えていきたいと思います。もっとも私は法律の専門家でも何でもないので、くわしいことはわかりません。必要最低限の知識にかぎります。

## 法律がややこしいわけ

**先生**　みなさんは、生まれてみたら、自分で選んだわけではないのに日本の国民として生

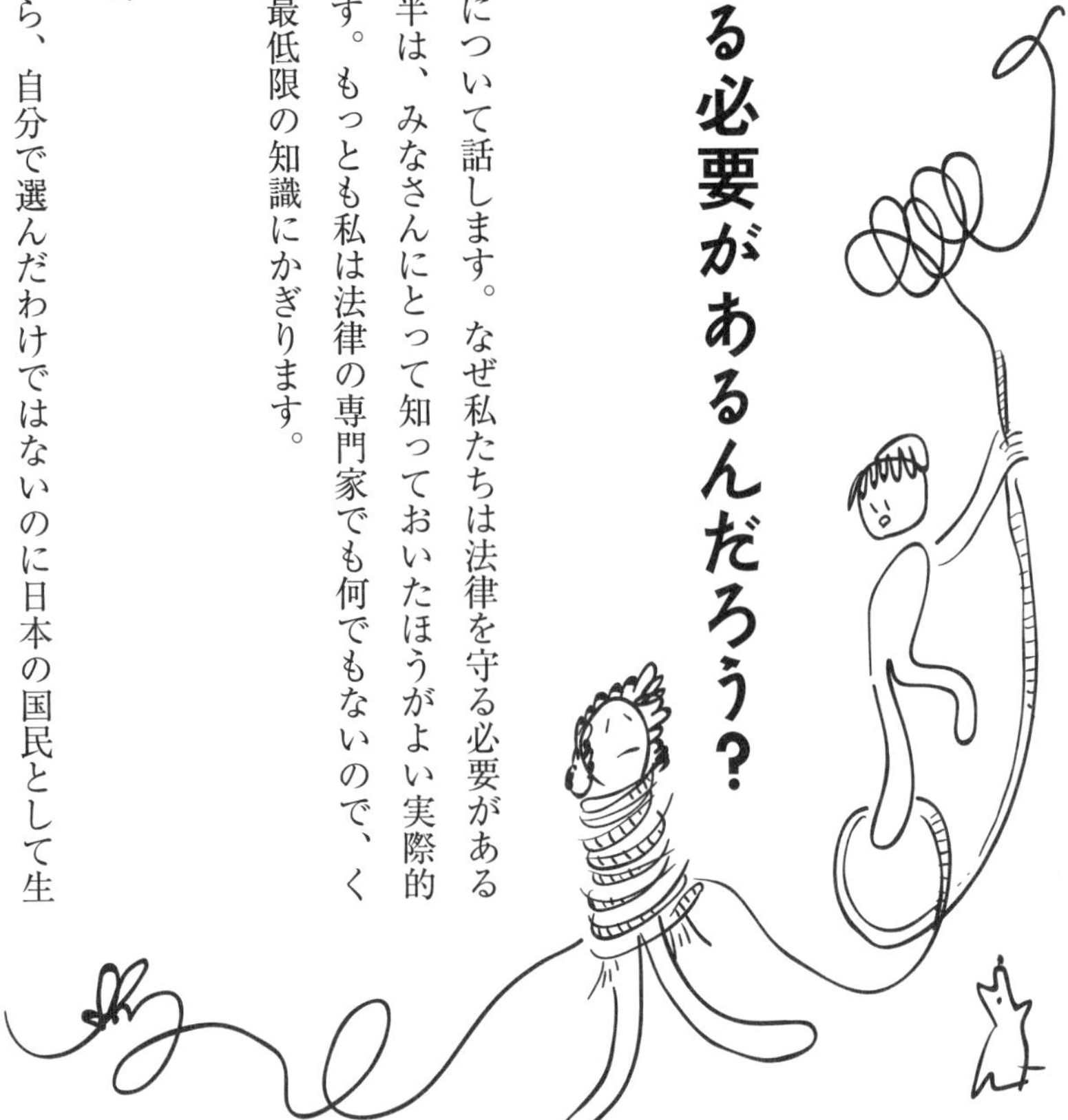

きていたわけですね（もっとも、まだ完全な国民になっているわけではありませんが）。そして、日本の法律を守らなくてはならないことにされていました。

しかし、自我がかなり発達してきたこのあたりで、自分のほうから、法律を守らなくてはならない理由をきちんと納得したうえで、そういう制度の下《もと》で生きていくことを自覚的に選びとる必要があると思います。ある法律がどう考えても不合理《ふごうり》に思えたり気に入らなかったりするのに、えらい人が決めたことだからしかたなく従っているというような態度は、なるべく避けたいものです。

あるいはみなさんは、法律を、個人の自由を制限する壁《かべ》のようなものという感覚でとらえているかもしれません。実際、何か意欲的にやろうとすると、いっけんそれほど道徳的に悪いこととも思えないのに、それは法律で禁止されていますと言われることが多い。

たとえば、すでに商品として売られていたミュージックテープやＤＶＤソフトが、すごく入手しにくくなっているので、それを持っている人が勝手にコピーして他の人に売ろうとしたら、これは、著作権法違反《ちょさくけんほういはん》の罪に問われます。好きな音楽について本を書こうと思ってその曲の歌詞を無断《むだん》で引用することも禁じられています。

またたとえば、会社は、利益をあげないとやっていけませんから、他の会社との間で価格競争をします。同じ種類の製品の値段をなるべく安く売ろうと努力するのですね。そうしないと買い手が逃げてしまうからです。

でもその努力をしすぎて製品をつくるのにかかったコストを割ってしまっては意味がありません。そこで複数の会社が協定を結んで、最低価格を高めに設定し、それ以下の値段では売らないことにする。そうすれば共倒《ともだお》れを防げるわけです。でも、これも原則として勝手にやってはいけないことになっています。

さらに、法律の壁を感じるのは、禁止されていると言われる場合だけではありませんね。外国に旅行したいと思うときには、パスポートを取るとか、出入国審査を受けるなどのややこしい手続きが必要ですし、家や車を買うときもじつにいろいろな書類をそろえなくてはなりません。

どうしてこんなに面倒くさいんだろうと思うかもしれませんが、それぞれに正当な理由があります。しかし、いまそれを個々の場合について説明することは、細かくなりすぎますから、やめておきましょう。みなさんがこの社会でいろいろ行動してみたときに、ある決まりにぶつかって、この決まりはなぜ？　という疑問を抱いたら、そのつど追究してみてください。この授業では、基本的なことだけを話します。

どうして法律がこんなに複雑になっているのかというと、人間が群がってつくっている社会のしくみが複雑になっているからです。もちろん、ものによっては、不必要でもっと簡略《かんりやく》にできる部分とか、時代に合わなくなっている部分などが多々あると思います。でもその話は私もよくわかりませんので、専門家に任せるとして、ここでは、ルールの必要性そのものについて考えてみましょう。

ちょうど、前回、働くことの意義について語ったように、ルールの必要性は、だれか他の人のためではなく、結局はみなさん自身のためにあるんだということがわかるように説明したいと思います。

たとえとして、野球の試合を考えてみましょう。

野球は二つのチームが勝ち負けを争うゲームですね。どんな成熟したゲームでもそうですが、そこには複雑なルールの体系があります。

おそらく最初に野球らしきものをはじめた人たちは、こんな複雑なルールにもとづいてやってはいなかったでしょう。適当な人数でバットとボールとグローブ（これはなかったかもしれませんね）を持って広場に集まり、守備側チームの一人が投げたボールを攻撃チームの一人が打ち、打ったとたんに決まったコースを走りまわって、守備チームにタッチされずに元の場所にもどれればそのチームは一点、というようなとても素朴《そぼく》なものだったにちがいありません。

百科事典で調べてみると、ゲームとしての確立期には、イニングも何回までと決まっておらず、最初に二一点取ったほうが勝ちだったらしい。また、ストライクとボールの区別もなかったそうです。区別ができてからは、なんとボールが二一回にならないとバッターは塁《るい》に進めなかったとか。

現在の複雑高度なルールになるまでに、何度も何度も試行錯誤を重ねながら改正が行なわれてきたわけですが、みなさん、その理由はいったいどこにあると思いますか。

**康介**　まえ聞いたことあるんだけど、ボクシングなんか、相手が倒れるまでやってたんだって。だから、死んじゃう危険があるからじゃねえの。

**先生**　格闘技だと、たしかにそれが大きいね。古代ローマのコロシアムでは、奴隷とライオンを闘わせて奴隷が血まみれになって死ぬのを特権階級の人たちが楽しんで見ていたっていうからね。でも民主主義が発達するにしたがって、どんな人の命も無駄に落とすのはよくないということになって、死なないようなルールを決めていったんでしょうね。

もともと多くのスポーツは戦場での闘いの模擬《もぎ》行為です。平和時に強さと日頃の訓練ぶりと勇敢さをいかに示すかという絶好の機会でもあった。

ほかにはどうでしょう。

**亮太**　ルールがちゃんとしてないと、攻撃側か守備側のどっちかに有利すぎるからじゃねえの。

**先生**　それもあるでしょうね。だけど理屈からすれば、どんな闘技でも、一方が守備のときには他方が攻撃というように交互に闘うわけだから、条件としては対等だよね。

そうすると、あるルールで守備側と攻撃側のどちらに有利でも、そのこと自体は不公平ということにはならないでしょう。どっちかに有利すぎるとなぜまずいのかという、その先を考える必要があるんじゃないかな。

**徹**　ルールがゆるくて整ってないと、何だかずるいと感じられるような、予想外の策略《さくりゃく》がいくらでもできる余地があるからじゃないですか。

**先生**　それも当たっていますね。でもそれだって、条件は対等だから、それ自体が不公平ということにはならないよね。

まあ、そのようにいろいろあげられるでしょうが、みなさんが言ったことを集約してみて考えられるいちばんの理由は、次の点にあると思います。

せっかくおもしろいからはじめたゲームなのに、これまでのルールでは、だらだらと時間ばかりかかって決着がつかず、ケンカになったり、競技者も観客も疲れきったりして、結局は後味の悪さや不快感を残すだけに終わってしまう。これは、子どもが自然にはじめた遊びのことを想像するとよく納得できるでしょう。

スポーツ界での最近のルール変更でとても強い印象を残すのは、バレーボールの公式戦で、以前は、相手をうち負かしたのにそれでは得点にならずサーブ権を獲得するだけだったのが、サイドアウトと同時に得点も入るようにしたというやつですね。これなどは、すごくいい改正だったと私は思います。そのほうがスピード感のあるゲームが楽しめるし、選手もいたずらに疲れません。しかも見事なスパイクやブロックが決まったときなどに、選手だけではなく、観《み》る人たちの「やった！」という興奮の感覚を満足させられます。

野球の場合、たとえば、犠牲《ぎせい》フライというルールがありますね。アウトカウントがワンナウトまでで、三塁ランナーがいるとき、バッターが大きなフライを打ったら、外野手がそれを捕《と》った瞬間にランナーがタッチアップしてから走りだし、捕手への返球よりも早くホームベースに帰れれば、一点入る。

このルールは何だか不思議な気がしませんか。素朴に考えると、フライを捕れば、その時点でアウトのはずなのに、何でこんなルールをわざわざつくったのか。私は子どものときに何だか不思議だなあと思った記憶があるんですよ。

**亮太**　オレもそれ思ったことあるけど、あれあったほうがやっぱ全然おもしろいっすよ。

**先生**　そこですよ、ポイントは。結局このルールは、ゲームをおもしろくするために考えられたんですね。ワンナウト三塁、バッターは四番だれそれ、という緊張感のあるシーンで、強打者がせっかくホームランすれすれのフライを打ったのに、捕られてハイ終わりでは、ただ「あ〜あ」という感じでしょう。「三塁にランナーがいる」という事実が与える期待感をさらに高めて興奮させるために、こういうチャンスを攻撃側に与えているわけです。そうすると、守備側も緊張しますね。そして、イチローのような強肩《きようけん》の外野手がバックホームの好返球を投げれば、ランナーと捕手との間で、ホームベース上でのスリリングな攻防が見られるわけです。

このように、ゲームのルールで定着しているものには、それなりの理由があります。ところで、いうまでもなく、社会で生きていくことは、スポーツなどのゲームに参加することと同じではありません。ゲームはしょせん、ゲーム、それは退屈な日常やつらい日常を忘れさせてくれる一種の「お祭り」であり、「遊び」ですね。

ですから、この、退屈させず不快感を残さず、おもしろくさせるためにルールがある、という考え方を、そっくりそのまま社会で生きていくことに重ねあわせることはできません。社会で生きていくことは一回きりの人生の真剣勝負ですからね。

しかしまた、あるゲームにハマっている人が、そのゲームには人生があるとよく漏《も》らすことも事実です。競馬《けいば》には人生がこめられているとか、麻雀《マージャン》は人生そのものだ、とか、釣《つ》り、それは一言でいうなら人生だ、などと、それぞれの人が、自分の好きなゲームの意味づけを熱っぽく語るのをみなさんも聞いたことがあるでしょう。

**亜弥**　あれって、なんかオッサン臭くない？　どの趣味にハマってる人もおんなじこと言って自己満足に浸《ひた》ってるじゃん。うちのお父さんもゴルフクラブ磨きながら「ホールをまわっていくってのはな、つまり人生なんだ、うん」とか言って自分の世界に浸っちゃってんの。あたしスポーツとか興味ないから「勝手に言ってろ」って感じなんだけど。

**先生**　なるほど。たしかにその通りかもしれないね。だけど、いま亜弥さんが指摘してくれたように、どの趣味にハマってる人も一様に同じことを言うという、まさにそのことには、ある意味が含まれているんじゃないかな。

あの人たちがウソの実感を語っているとは思えない。つまり、どれもしょせん「遊び」にはちがいないんですが、それらのゲームには、現実社会で人が生きるあり方をそれぞれのしかたで映しだしている部分があることも疑いないと思うんですよ。

言いかえると、ゲームというのは、人生のなかの「闘う」とか「未来へ進む」という側面を取りだして、それをうまくルールの体系にまとめあげたものだと言えるでしょう。

先ほど、格闘技は戦闘の模擬行為だと言いましたが、格闘技だけではなく、要するにどのゲームも、人生のある側面の模擬行為だということです。そういう性格があるからこそ、よくできたゲームというのはあんなにおもしろいのですね。

そこで、こうしたゲームでのルールの存在意義を少しずらして、「不快感」や「おもしろさ」という言葉を、「不幸」とか「幸せ」という言葉におきかえてみましょう。そうすると、社会でのルール（法）がなぜ存在するのかがよく見えてくるのではないでしょうか。**法は、道徳と同じように、それぞれの人がなるべく不幸な状態に陥らないようにするためにあります**。それは、人間のもつ多様な欲求や必要がたがいにぶつかりあうところに引き起こされる摩擦《まさつ》や葛藤《かっとう》を防ぎます。またそれらが起きてしまった場合にその後始末《あとしまつ》をつけられるように、みんなの合意を通して文字に書き記した取り決めです。身近なところでは、交通ルールのことを考えるといちばんわかりやすいでしょうね。

第四回目にも話しましたが、人間の「心」にはもともと決まった法則がなく、不満や不幸の意識がたがいに重なりあって、無秩序、無際限に発展していく危険をつねにはらんでいます。この傾向にたいして人類が自ら歯止めを繰り返してきた痕跡《こんせき》が道徳でしたね。

法の場合も、基本的には同じです。これがないと、社会秩序が成りたたなくなります。そうすると、それはやがてみなさん個々人に跳《は》ね返ってきて、自分にとってかけがえのないもの、生命や身体や所有物や大切な人間関係などを失うことになるのです。

**智子**　先生はたしか、この「倫理」の授業のいちばんはじめに道徳と法律のちがいについて説明して、二つは「心」の内側にあるか外側にあるかのちがいだと言ったと思うんです。それから「法律∧道徳」という不等式のたとえも出しましたよね。

で、いま、この二つは基本的には同じだと言ったでしょう。ということは、道徳さえしっかりしていれば、法律はそこから自然に出てくるものだ、みたいな感じがするんですよ。でも、そういう理解のしかたでいいのかな……。もしそれでいいなら、いまの社会みたいに法律を複雑に張りめぐらせるよりは、道徳をしっかりさせるほうが大事なんじゃないですか。なんか、聞きたいことがうまく言えないんですけど。

**先生** うん……。それはつまり、もう少し、二つの関係とちがいとをきちんと説明してほしいということかな？　どちらがより重要なのかという……。

**智子** はい、まあ。

**先生** そうねえ。とてもむずかしい質問だね。

たしかに、私はこの授業のはじめには、話をわかりやすくするために、不等式のたとえを出しました。でも話をここまで進めてくると、もはやこのたとえではちょっと説明不十分かもしれません。というのは、このたとえだと、道徳のほうが先にあって、そこから法律が出てくるみたいな感じがしてきますからね。道徳と法律の関係については、もう少し含みをもたせたいところだね。

じつは、どちらがより重要かという問い方は、昔からずっと東洋にも西洋にもあって、だいたい道徳のほうが重要だという考え方が優勢だったという歴史があります。西洋ではキリスト教、東洋では孔子《こうし》を始祖《しそ》とする儒教《じゅきょう》がそのいい例だと思います。

ところが、それにたいして、いや、法律のほうが大事だとする考え方も、洋の東西を問わずあったのです。この対立は、理想主義と現実主義の対立と言いかえてもいいでしょう。しかしどちらかの立場に立とうとすると、決着がつかなくなります。

ここでは、どちらが先かという発想を棚上《たなあ》げしましょう。この発想にとらわれると、どうしてもどちらを重んじるべきなのかという二者択一《にしゃたくいつ》的な問いが出てきてしまいますね。

私の考えでは、どちらも同じように大切だと思います。社会秩序はこの二つを車の両輪のようにして動いている。ただ、そのはたらきかけ方がちがうということでしょう。いま智子さんが思い出させてくれたように、道徳は心（内面）にはたらきかけるけれど、法律は、行為（外面）にはたらきかける。

では、なぜはたらきかけ方のちがう二つのものが必要なのかと考えてみましょう。

東洋に、性善説《せいぜんせつ》と性悪説《せいあくせつ》というわかりやすい二分法があります。性善説というのは、人間の本性はもともと悪いものではないから、そのよき本性をうまく引きだすように道徳を教えることが大事だという考え方、性悪説はその逆に、人間というものはほうっておくと私腹《しふく》を肥《こ》やすために悪いことばかり考えるから、権力と掟《おきて》によってコントロールしなくてはいけないという考え方ですね。

で、私の考えは、いま言ったように、どちらでもなく、**人間は善悪両面をもった生き物だということです**。というよりは、本性として善か悪かが決まっているのではなく、**状況に応じてどちらにも転ぶことがある**。経済的にも心理的にも恵まれた状況でふつうに生きていれば、多くの人はそんなに悪をなすものではない。わざわざ慣習に逆らって悪をなす必要を感じないからです。

逆に特殊な恵まれない状況に追いこまれれば、ふだんは善人でいられた人も、いくらでも悪をなす可能性がある。六回目の授業でいじめについて触れたとき、だれでもいじめる側にまわる可能性があると指摘しましたね。

では、何がより恵まれた状況をつくりだすのか。

それは、道徳と法律のどちらか一方がつくりだすのではありません。両者がそれぞれのポジションでうまく機能しあうような社会のしくみそのもの、**人と人とがたがいに自分の誇りを得られるような関係のあり方そのもの**がつくりだすのです。

この関係のあり方については、前回の「働く意義」のところで、「巨大なネットワーク」という言葉を使って説明しましたね。また、二回目の授業でも、「長い間に積み重ねられてきた日々の慣習」という言い方で、同じような問題に触れました。

しかしそういう関係のあり方はまた、逆に道徳や法律のあり方によって規定《きてい》されます。

さらに、道徳と法律との両者も、おたがいがおたがいを規定するような関係にあります。

ややこしい言い方になってしまいました。もう一回整理しましょう。

まず、これはおたがいにとっていいことだという満足感が共有されてきた経験の積み重ねがあります。これは一種の慣習であり、暗黙《あんもく》の約束のようなものです。この慣習と黙約を破りたくないために、人々は、道徳を自分たちに根づかせていきます。これはほとんど自然の成り行きと言っていいでしょう。

しかし道徳だけつくっても、それでは有効でないので、同時に法律をつくります。罰則《ばっそく》を決めることで、ある行為を強制的に禁止したり命令したりするわけですね。だれもが進んで守れるような完璧《かんぺき》な道徳なんてありません。生活上の不満を抱えたために道徳を破る人が必ず出てくるからです。

こうして立ちあがった道徳と法律とは、たがいに支えあう関係になります。道徳的な理想がなければ、何にもとづいて法律をつくったらよいのかが決められませんし、逆に、法律が有効に機能しなければ、道徳的な理想は守られません。

このようにして、社会秩序にとっての車の両輪である道徳と法律とが、再び私たちの生活に作用します。その作用によって、日々の慣習と黙約《もくやく》とが再確認されたり、ときには新しく編みかえられたりするのです。

ちょっと弁解《べんかい》みたいになりますが、私が「法律∧道徳」と言ったことにたいして、もう一度別の説明のしかたで補足しておきます。

「罪」という言葉と「罰」という言葉がありますね。「罰」というのは何らかの罪にたいして科《か》せられる制裁のことで、これはとても意味が単純です。罰自体は、懲役《ちようえき》何年というように、あくまでも本人にたいする社会や国家の側からの行為ですから、外的です。法律は、ちょうど、この「罰」という言葉の意味の単純さに対応していると考えればいい。

ところが、「罪」という言葉はその適用範囲が広くていろいろに解釈できます。ある言葉がもつ含み全体のことを、その言葉の「概念《がいねん》」と言いますが、「罪」という言葉は、道徳的な罪、法律上の罪、宗教的な罪、というようにとても概念の広い言葉です。法律上の罪という意味では、「罰」と同義語として用いられる場合もある。「懲役何年の罪に値する」というようにね。

それから逆に、道徳的な罪や宗教的な罪という意味あいでは、行為と関係なくそういうものがありえるという考え方がとられるのがふつうですね。たとえば、あの人のことを疑ってしまって悪いことしちゃったというように、ちょっとでも良心がとがめるような気持ちがするとき、そういう内面の状態はすべて「罪」という概念に収まります。

ところで、これは私の推測ですが、人間の精神史をざっと眺めてみると、はじめにさかのぼればさかのぼるほど、宗教的なものが重要な地位を占めていて、そこでは、罪と罰という区分はあまりはっきりしていなかったのではないかと思われます。

宗教というのは、共同体の支柱ですから、その支柱を汚《けが》したり弱めたりする思いや振る舞いは、すべて「罪」であり、何らかの「罪」が感じられれば、それはそのまま何らかの「罰」に値すると感じられた。「天罰が下る」とか、「罰《ばち》が当たる」などという古来からの表現はこのことを示していますね。神殿《しんでん》にだれかが土足で踏みこんだ、あなおそろしや、われわれみんなに罰が当たる、祓《はら》い清めなくては、と昔の人々は考えたと思います。

なぜそうだったかというと、昔は、いまのように、個人と、個人が属する共同体との区別がそれほど意識されていなかったからです。多少大げさに言えば、だれかの引き起こした問題は、そのままその人の住むムラ全体の問題だった。

しかし時代が進むにしたがって、個人意識がだんだん発達してきました。そうすると、「内面の罪」が感じられても、必ずしもそれは「罰」とは感じられないし、また実際、外からの制裁や報復にもつながらないようになっていった。さらに、だれかの「罪」は、必ずしもその人と近いところにいる人々の「罪」とは感じられないし、みんなが「罰」に値するとも感じられなくなっていった。

だいたいこんな流れだったと思うのですが、この流れは、じつは、人々の間で宗教的な感情や絆《きずな》、結束感《けつそくかん》といったものが薄れてきたことに対応しています。そうすると、そのままでは社会秩序が保てなくて困ったことになりますね。

そこで、この**宗教的な感情が薄れてきたことにかわって、個人の精神を律するものとしての「道徳」や、共同社会の秩序を現実的に守るものとしての「法律」が発達してきた**と考えられます。つまり、かつては一体的なものとして意識されていた宗教的な精神が、内面の道徳と外面の法律とに枝分かれしてきたのではないかと思われます。

近代文明社会になればなるほど、この枝分かれははっきりしてきます。法律をつくり、法律によって治めるのは国家ですが、近代国家の法律はどこでも、個人の内面の問題（良心や道徳感情）には立ち入らないという特徴をもっています。それでも、法律をつくってそれを有効に機能させるためのオリジナルテキストは、人々の内面にしかありません。

だから、法律は道徳的な精神によって支えられるけれど、いったんできた法律はまた、逆に人々の道徳的な精神のあり方を再確認させ、規定づけ、そしてときには編みなおしてゆくという関係になっていると思うのです。

「罪」と「罰」とでは、「罪」の概念のほうが広く、そして何が罪であるかを決めてゆくのは道徳です。それにしたがって「罰」を決めてゆくのが法律ということになります。

ですから、ここまで考えたうえでなら、やっぱり「法律∧道徳」という言い方もまんざら誤りではないのかな、と。智子さん、これでいいですか？

**智子**　はい。

**徹**　僕にも質問があります。さっき先生は「法はみんなの合意を通して文字に書き記した取り決めだ」って言いましたけど、はじめに先生が話したように、僕たちが生まれてきたら、法律ってもうできていたわけですよね。どこでみんなが合意したんですか。なんか、えらい人が勝手に決めているだけなんじゃないですか。

**先生**　そういうふうに突かれると思っていました。たしかにほとんどの法律は、みなさんが生まれてきてみたらもうできていた。また新しくつくられる法律でも、私たちふつうに生活している人とはかかわりのないところで、だれか上のほうの人が勝手につくっているように見えるのが事実ですね。そうすると、「みんなの合意」など通していないじゃないかという疑問が出てくるのは当然です。

　この問題をきちんと考えるのも大切です。これを説明するには、私たちが住んでいる近代民主主義国家というものが、どういう原理で成りたっているか、また、その原理を具体的にどう活かすように工夫されているかという点に踏みこんでみなくてはなりません。

## 「みんなの合意」は実現できるか?

**先生** 話をわかりやすくするために、まず、みなさんがふだんテレビや新聞などで目にする機会の多い日本の政治のしくみについて、簡単に説明しましょう。

いまの日本では、法律をつくるのは、国会です。そしてそれにしたがって政治を実際に行うのが内閣《ないかく》(政府)、民間同士でのいざこざや、犯罪、民間と公的機関との争いなどを法によって裁《さば》くのが裁判所です。このように国家の統治機構《とうちきこう》は、「三権分立《さんけんぶんりつ》」と呼ばれる体制を取っています。

そのなかでも立法権《りっぽうけん》をもつ国会は、「国権の最高機関」と定められています。そして内閣を構成する国務大臣《こくむだいじん》(閣僚《かくりょう》)の過半数は国会議員でなくてはなりません。また、裁判官は、議員や閣僚を裁くこともあるわけだから、他の二権から独立した職権が保障されています。

いずれにしても、これらの統治機構は、あるかぎられた人たちだけによって運営されています。だから「オレは合意した覚えはないぞ」という感覚が私たち一人ひとりのなかに生じるのはよくわかります。

けれども、私たちの社会では、かぎられた代表だけがそうせざるをえないのです。その理由は、要約すると、だいたい次の三つになります。

第一は、一つの国が抱える人口が厖大《ぼうだい》で、その下《もと》にある社会のしくみはきわめて複雑ですから、全員が法律を制定するシステムに直接参加するわけにはいかないこと。全員が参加すると、わあわあ自分の要求ばかり出しあって、収拾《しゅうしゅう》がつかなくなります。

第二に、法律をつくるにあたっては、たがいに食いちがう多様な欲求を広い視野から取りこんだうえで、なるべく公平な立場に立って調整しなくてはならないために、とても専門的な知識と技術が要求されること。

そして第三に、いったんつくった法律は、だれかがこの国に生まれてきたからとか、国民のだれかれが死んだからといって、いちいちそのたびに変えるわけにはいかないこと、言いかえると、国の決まりというものは、一人ひとりの生命の限界を超えて通用するものでないと、安定した機能を果たせませません。

そういうわけで、理想どおりに「みんなの合意」が満たせないのはしかたのないことなのです。それでも「みんなの合意」という理想をできるだけ現実味のあるものにするために、現代では、国民全員が参加する直接選挙によって国会議員を選び、その人たちに法律をつくる権限を託《たく》すことにしているのです。ですから、彼らの責任はとても重大です。

**康介**　あのさぁ、先生。法律つくるのに専門的な知識と技術がいるって言ったけどぉ、選挙んときって芸能人とかスポーツ選手とか出てきてぇ、有名だから当選しちゃったりするじゃないすか。あれって、法律なんかつくれるの？

**先生**　いわゆるタレント議員というやつですね。それは私も疑問に思うときがあります。でも民主主義の制度のもとでは、手続きとしてはしかたのないことですね。それにタレントとしての名声をバックに議員になっても、その後ちゃんと政治の世界で鍛《きた》えられてそれなりに議員や閣僚としての職務を果たせる人もいますよ。実際に法律をつくるときには、国会や内閣のいろいろな機関が専門家を招いたりして、事前に審議《しんぎ》を重ねますしね。

逆に政治家として専門的にやってきた人でも、自分の利益や地元の利益しか考えなかったり、大勢《たいせい》にただ順応《じゅんのう》してばかりいる人というのもいます。

また彼ら国会議員や閣僚が、多くの国民の考えを代表していないと見なされるときには、再び選挙をやって、もっと適切な人を選び直せるようになっているでしょう。

加えて、政府が法律を運用するしかたに不服《ふふく》があるときや、既成《きせい》の法律では自分たちの欲求が充足されず、苦しみが解決されないと感じるときには、言論に訴えたり集会を組織したり政治結社をつくったり、裁判に訴えたりして、自分たちの主張を社会に広げていくことができます。

さらに、日本の裁判制度は、「三審制《さんしんせい》」と言って、はじめの裁判の判決を受けても不服な場合は、あと二回まで裁判を受けることができます。はじめの裁判（第一審）は、家庭裁判所、簡易《かんい》裁判所、地方裁判所のどれかで受けます。これらの下級裁判所から高等裁判所に不服を申し立てることを「控訴《こうそ》」、高等裁判所から最高裁判所に申し立てることを「上告《じょうこく》」、両方合わせて「上訴《じょうそ》」と言います。

また、「違憲立法審査権《いけんりっぽうしんさけん》」といって、裁判所は、個々の裁判に即して、ある法律が憲法に違反していないかどうかの判断を下すことができます。違憲の判決が積み重なれば、そのことを重視して、その法律を変えようという機運《きうん》も熟してくるでしょう。

これらの手法がいろいろそろってはいますが、ある個人の意思を法の改正や行政のあり方にすぐに反映させることはたしかにむずかしいと言えます。でもこのようなしくみによって、何とか「みんなの合意」という理想を活かすようにしているのです。

さっき徹君が、「みんなの合意」なんていつしたんだ、という質問をしました。これはとても重要な質問であると同時に、この質問のしかただけにこだわると答えが出なくなってしまうのです。

歴史をさかのぼってみても、たしかにそんな事実は発見できません。発見できないどころか、さかのぼればさかのぼるほど、実力や神がかり的な威力をもった強い者が支配権を握《にぎ》って、自分の王権は天から授かったものだなどという理屈を編みだして正当化している事実が見つかるだけです。

それでも、「みんなの合意」という考え方は、いま、私たち自身が住んでいる民主主義国家のもとでの社会秩序と自由とを両立させるうえで、大事な考え方なのです。

そこで、とりあえずこの質問に簡単に答えるとすると、遠い昔、だれかが集まって合意したと考えるのではなく、私たちが現にいま合意しつつあるのだ、ということになります。この場合、「私たち」とは、成人している国民すべてを指します。

なぜこの考え方が大事か。もし私たちが合意していないのだとすると、いまの政権は、勝手にどこか上のほうから降ってきて、勝手にものごとを決めているのだから、そこで決まったことなどは何にも守らなくていい、あるいは、そんな決めごとには従いたくないから、暴力で政権をぶったおしてしまえばいいということになりかねません。そうなると、てんでんばらばらな意思や欲求をもった人たちが、「オレの言い分を通せ」「私の考えこそ正義だ」と言いあって譲《ゆず》らず、力と力をぶつけあって内乱状態になってしまうでしょう。戦国時代みたいにね。

## 戦争はケンカと同じ?

**先生**　では、実際に「みんなの合意」がどういうかたちで実現されているのか。それは、いろいろと不十分なところとか、危ういところがありますが、さっき説明した政治や法や社会のしくみによって何とか保たれているのです。

先ほど、国民全員がいつも政治に直接参加してものごとを決めていくわけにはいかない理由を述べました。では、少しでも「みんなの合意」でこの国や社会の秩序が成りたっているということを納得するには、どういう論理を立てればよいかということになります。それは次のような論理です。

私たちは多様な欲求や意思をもってこの社会で生きているわけですが、それをたがいにそのままぶつけあうと摩擦《まさつ》や葛藤《かっとう》が絶え間なく引き起こされ、バトルロイヤルになってしまいますね。これは結局、自滅を招きます。

そこで、私たち市民がたがいに約束を交わして、みんなが同時に、自分たちがもっているそれぞれの力の一部を、一つの強力な機関に委託《いたく》することにするのです。その強力な機関が、国家の統治機構ということになります。

また、世界には多数の国家がありますが、それらの国家同士は、残念ながら簡単に「みんな仲良く」というわけにはいきません。それぞれの国には固有の事情と背景がありますから、つねに利害の衝突が起きる可能性があります。ほとんどどの国も深刻な衝突を避けるための外交政策や経済政策をいろいろと工夫してはいるのですが、ときには紛争や戦争やテロのように、深刻な武力衝突に発展してしまう場合もあります。

**康介**　ねえ先生、戦争って何で起きるの？

**亮太**　だから言ってんだろ。利害が一致しないからだって。聞いてねえのかよ。

**先生**　いや、たしかにそう言っただけでは、康介君の疑問にきちんと答えたことにはならないだろうね。康介君の疑問のなかには、どうしたら大量の殺しあいをやめられるかという動機が入っているよね。

**康介**　そうっすよ。だから聞いたんだよ。

**先生**　戦争はなるべくしないほうがいい。この考えに反対する人はまずいないでしょう。だれもがそう思っているのに起きてしまう。そこで、当然、どうして起きてしまうのかということをよーく考えてみる必要があります。原因がはっきりわかれば、今度はそれを取り除く方法を考えればいいわけだからね。

でも、この問題もいろいろな人がいっしょうけんめい考えてきたんだけれど、残念ながら一つの決定的な答えは出ていません。

みなさん、戦争の原因と考えられるものをまた思いつくままにあげてみてください。

**亮太**　ケンカと同じでしょ。みんなちがうところでちがう気持ちで暮らしてんだから、ぶつかるの、当たり前じゃないすか。

**沙織**　当たり前って言ってていいの？　それじゃいつまでたっても終わらないじゃん。

**亜弥**　そうよ。亮太、戦争やりたいわけ？　あたしぃ、好きな人とか子どもとかできたらぁ、絶対戦争になんか行かせないからね。

**徹**　ちょっと待った。そういう言いあいをしててもはじまらないよ。先生は、原因としてどういうことが考えられるかって聞いたんだよ。僕は、いちばん大きい原因は、貧富の格差だと思うよ。ほら「金持ち、何とか」ってあったじゃん。

**智子**　「金持ち、ケンカせず」。でも、アメリカみたいな金持ちがけっこう戦争するよね。だから徹の言ったのも大きいけど、宗教とか、価値観とか、そういうののちがいもすごくからんでると思うんだけど。

**康介**　オレさ、オヤジがテレビ見ながらぶつくさ言ってるの聞いたんだよ。「アメリカは自由のためにとか言ってるけど、なあに、ここでイラクをたたいておかないとアラブから石油買えなくなっちゃうからさ」って。へえ、そういうもんかなと思ったんだけど、でもよくわかんねえんだよな。だって戦争やるとすごい金かかって、かえって損しちゃうんじゃねえかな。

**徹**　そうだよな。でも僕は伯父《おじ》さんから聞いたことあるんだけど、逆に戦争景気とかいうのがあって、戦争になるともうかる人もいっぱい出てくるらしいよ。産業や技術なんかも発展するんだって。なんかすごく複雑だよな。

**亮太** しつこく食い下がるんだけどさ。オレも歴史とか経済のことよくわかんないけどぉ、人間って、戦争ばっかし繰り返してきてるじゃん。だから、みんなの言うこともわかるけどさ、人間って闘うのけっこう好きなんだと思うよ。

**沙織** それを言うなら、「男って」って言い直してほしいね。女は戦争なんて嫌いでーす。

**亜弥** みんな、女になっちゃえばいいのかも。

**亮太** そしたら子孫つくれねえじゃん。

**先生** はは、なるほど。たしかに戦争の主役はいつも男だよね。ただ、自国の女や子どもを守るために命を捧《ささ》げて戦争におもむくってところも男にはあるからなあ。「銃後《じゅうご》」と言ってね、いったん戦争になってしまうと、直接戦場に行かない女性も、自分の国が勝ってほしいって、けっこう熱をこめて応援するものですよ。

**智子** それは、なった以上はそうするしかないじゃないですか。でも本心では早くやめてほしいのに、国家に逆らえないからむりやりそう思わされている人も多いと思うんですけど。

**先生** それはその通り。両方あって、いろんな人がいて、複雑ですね。ただ、結局、だれでも自分や自分の親しい人がいちばん大切だから、殺すか殺されるかという局面なら、相手を殺して自分たちが生き残ろうとするほうに走るのは、男も女も同じでしょう。そのこと自体を、だれも非難できないと思うんですね。

いまの話で、戦争の原因としては、徹君の「貧富の格差」説、智子さんの「価値観のちがい」説、康介君の「利権確保」説、それから、亮太君の「闘争本能」説の四つが出てきましたが、聞いていて、私は全部正しいと思います。これらに、「自己拡大欲求」説や「自己防衛本能」説などをつけ加えることもできるでしょう。

また、人間は過去にあったことをいまに引き寄せながら生きる動物なので、自分たちの仲間や先祖が被害にあったという感覚をもっていると、それを引きずってたがいに報復の歴史を繰り返す傾向からなかなか自由になれないという点も大きいね。

被害者であった者が加害者になり、その加害を受けた者がさらに加害者になる。こういう長い応酬《おうしゅう》が、関係国の歴史的な背景や国民感情をつくりあげます。だから、歴史そのものが戦争を生みだすといってもいいかもしれません。

このように、戦争の原因はとても深くて複合的だということですね。

何とかまとめると、人間は、情緒を共有できる人々との間で集団をつくって生きるという本性をもっているので、それは、共有できない相手との間に仕切りをつくって相手を排除することにそのままつながりやすいこと、それから、いつも相手と交わりつつ、相手と自分たちとの力の大小を比較せずにはいられないこと、さらに、人は記憶力が発達しているので、被害感覚をなかなか忘れないこと、この三点に帰着《きちやく》するでしょうかね。

だから、もちろん平和努力は必要ですが、国際社会にはいま、こういう人間の傾向をうまく調整するしくみがそれほど整っていません。当分、戦争を根絶《こんぜつ》するのはなかなかむずかしいと思います。現時点で平和が何とか保たれている地域では、アメリカのような軍事的にも経済的にも強い国がにらみをきかせて、みんながしぶしぶそれに共同歩調をとることで、均衡《きんこう》が保たれているという状態ですね。

**徹**　いま先生の話を聞いていて、ふと思ったんですけど、この話はもともと、国家の必要性からはじまったんでしょう。でも、戦争って国家が起こすものですよね。だったら、戦争をなくすためには、国境をできるだけなくすっていうのはダメなんですか。

**先生**　それは、よく議論されますが、ヘタすると、もっとまずいことになるね。

第一に、どの国家も長い歴史と文化伝統の上に成りたっているから、どうやってなくすのか、その方法がうまく見つからない。それから、ただなくしてしまって、それにかわる強力な世界連邦《せかいれんぽう》でもつくらないかぎり、経済交流や人的な交流が引き起こす摩擦《まさつ》がさらに深刻化するでしょう。おたがいが国境抜きに全世界にむきだしで向きあうというのは、とてもしんどいことですよ。

国境をなくした世界連邦なんて、「言うは易《やす》し行なうは難《かた》し」で、いまのようにそれぞれの情緒的まとまりにもとづく国家の枠組みを残しておいたほうがまだ無難《ぶなん》です。ただ、国境を残したうえでだったら、世界連邦警察のようなものを構想していくやり方は模索《もさく》してみる価値があるでしょうね。

そういうわけで、話を、国家の必要性に戻しましょう。

先に言ったように、不幸にして国家同士の間で深刻な緊張が生じたとき、もしどう見ても相手方が不当な侵略行為をしてきていると思える場合には、私たちは自分たちの身を守るために、やはり武力をもってこれに立ち向かうほかはないでしょう。また、外交政策を有効なものにするためにも、ふだんから実力のほどを示しておく必要もあります。そのためには、どうしても国家の中枢部《ちゅうすうぶ》に武力を集中させておかなくてはなりません。

ですから、**国家の統治機構というのは、言ってみれば、私たちの折りあわない意思を調整する斡旋《あっせん》業者、また私たちの身の安全を保障してくれる代理業者みたいなもの**です。私たちは、税金を払ってこの斡旋業者、代理業者に調整役、保安官役をゆだねているのです。

しかし、この論理が論理通りに機能するには、いくつかのことを私たち一人ひとりがいつも自覚しておく必要があります。

まず一つは、いま言ったように、この統治機構が、私たち一人ひとりのパワーを超えているることを私たち自身が承認しなくてはなりません。それでないと、私たちの間で争いが起こったときに、それを有効に鎮静《ちんせい》させることができません。国家が武力をほとんど独占することを私たちは認めて、自分たちはいっせいに武装解除するわけです。警察や軍隊が、民間の人々や団体にくらべて圧倒的に大きい武力を備えているのはそのためです。

第二に、国全体の重要事項について意思決定するだけの強力な権限を、私たちはこの統治機構に与えなくてはなりません。そうでないと、やはり代理業者の役割をきちんと果たすことができませんね。統治機構のメンバーは、それぞれの職分に応じて、与えられた権限を行使するわけです。

私たちが彼らに意思決定の権限を与えている事実は、たとえ不服があっても統治機構が決めた決まり（法）をとにかく守るという私たちの日頃の態度として表現されます。もちろん、前に言ったように、何でも従えばよいというものではなく、批判は自由でなければなりませんし、変えるべきであると考えればそういう運動を起こす必要もあります。また、選挙を通してメンバーを入れ替える手もあるわけです。

第三に、これが最も重要な点ですが、いま言ったように、国家の統治機構には巨額のお金と強大な権力が集中しますから、それを動かせる一部の人たちは、やろうと思えば自分たちの好き勝手なことができてしまいます。また、悪意ではないのに大きな失政をしてしまうということもありますね。第二次世界大戦のように無謀《むぼう》な戦争に国民を駆りたてて、厖大《ぼうだい》な死者を出してしまう場合もあります。

統治機構というのはなくてはならないものなのだけれど、同時に、このようにとても危険なものでもあるのですね。国家のもつこの両面性をよくよく心得ておいてください。

ですから私たちは、政治家や官僚や軍人が権力を乱用して私腹を肥やしたり国民を圧迫したりしないかどうか、きちんと代理業者としての役割を果たしているかどうか、支払った税金に見あうだけの公平な政策をとっているかどうか、つねに見張っていなくてはなりません。そのためには、主として二つのことが必要です。

一つは、政権を握《にぎ》っている政党（与党）にたいして批判的な立場に立つ政党（野党）が、与党に太刀《たち》打《う》ちできるくらいの勢力をたくわえていること。

もう一つは、ある政権が行なっていることについて、国民にできるだけ正確な情報が提供され、それについて自由に討論できるような場が与えられていること。この役割を果たす主役はテレビ、新聞などのマスメディアです。マスメディアにはまたマスメディア自身の問題もありますが、基本的には、これもまたなくてはならないものです。

以上のように、**「みんなの合意」というのは、かつて遠い時代になされたのではなく、**

**私たちがいろいろなことを考えながら、まさにいま、たえず形成する努力をしているというそのこと**なのです。

それはまた、合意のあり方が私たちしだいで変わっていくということをも意味しています。そのための手続きがそれなりに整備されている点が、民主主義制度のよいところです。

逆に言えば、私たちが何の文句も唱《とな》えずに、黙ってその国のなかで暮らしていれば、自動的にその国の法や政治のあり方を承認したことになるのです。政治的な決定に直接関与することができなかったから「オレは知らない」という実感をもってしまうのはやむをえないかもしれませんが、論理としてはそれは通らないのです。

つまり、こういう自覚をもって国のあり方を眺めることが、政治にたいして私たち国民全員に課せられた「倫理」なのだということです。

## 合意形成に参加しよう

**先生**　この「みんなの合意」ということについて、最後に、みなさんのような未成年者にかかわることをつけ加えておきます。

徹君が指摘《してき》したとおり、みなさんは気づいてみたら日本という特定の国で生きていた。

そして、別に自分で選んだわけでもないのに、日本の法律に従わなくてはならないことにされていた。でも、この事実そのものは、どの国の人も同じですね。それはちょうど、自分の親や名前、性や体つき、才能や性格を勝手気ままに選べないのと似ています。

けれど、そもそも「何かを選べる」という意識、自由の可能性があるという意識そのものははじめからあるのではなく、さまざまな制約条件のなかを生きる経験を通してはじめてつちかわれてくるものです。

法律とみなさんの関係の問題に、この事実を応用してみましょう。

みなさんは、まだ完全な国民ではなく、これから国民になろうとしている存在です。しかし日本国民としての法律の制約は受けています。けれどもまた同時に、前にも触《ふ》れましたが、法律によって未成年者としての保護をも得られているのです。そして、いま、だんだんその「殻《から》」から脱皮《だっぴ》して、「選ぼうと思えば選べる」という状態に近づきつつあるわけですね。

そこでみなさんは、先ほど言った「国民全員に課せられた倫理」そのものをこれから身につけていかなくてはなりません。つまり、日本の法や政治のあり方にたいして、合意を形成する構えがあるかどうか、そのことにつねに自覚的になるという態度を自分のなかに育てていかなくてはなりません。

ややこしい言い方をしましたが、これはけっして、法に服従する用意があるかという脅《おど》しをかけているのではありませんよ。そうではなくて、**いまの法や政治のあり方を、あらためて自覚的に選びとったり、まずいと思えば変えようと意志したりする態度を引き受けられるかどうか**ということです。すでにある「みんなの合意」を前にして、みなさんが新しい合意形成にこれから参加するとすれば、そういう態度を身につける以外にないのです。

**沙織**　なんか、たいへんそう。

**先生**　そんなにたいへんではありませんよ。日本は、いろいろな問題を抱えていますが、いまのところ、世界のなかではまあまあうまくいっている国です。豊かですし、犯罪も少ない。このまあまあうまくいっている状態を崩《くず》さないように、みなさんが上手に引きつぐ努力をしてくれればいいのです。

**亮太**　どっか外国に逃げちゃうっていうのはどうかな。

**亜弥**　日本よりステキで、住みやすい国ってあるかもね。オーストラリアなんて広くて気分よさそう。ヒツジもいるし。

**先生**　もちろん、しかるべき手続きをすれば、それはできますよ。そういうあこがれを抱いて実行に移してみるのも一つの手です。でもそれを本当にやるには、次のような心構えが大事です。

一つは、観光で行ってステキだと思うのと、そこに定住するのとでは大ちがいだということです。どの国の生活文化にも強い個性と伝統がありますから、はたして日本人として育ってきた自分が外国で暮らして土地の人たちの慣習や風土《ふうど》にうまくなじめるかどうか、よほどよく調べなくてはなりません。

もう一つは、どこの国にも法律があって、それから逃れることはできないということです。「逃れることはできない」などというと、またまた法律があることがただの壁のようにイメージされてしまいます。

でも繰り返すように、**法律は、みなさんの生命や財産や権利を守るためにある**のです。ふだんはこのことをあまり意識しないかもしれませんが、うっかり治安がすごく乱れている地域とか、法がしっかりしていない国などに行ってしまうと、そのことが身にしみてわかると思いますよ。

さらに、外国に住もうと決めるときには、自分なりの動機をよく見つめることが大切です。どこに住むかは、人生の目的にとって大きな意味をもっています。私としては、ただ漫然《まんぜん》と「この日本の日常生活は退屈だから」とか「日本は人間関係が狭くて窮屈《きゅうくつ》だから」といった消極的な理由から外国にあこがれるのではなく、「これこれの目的を達成するには、この国に長期滞在しなくてはならない」というようなはっきりとした目的意識をもったうえでそうしてほしいですね。

**康介**　オレはやっぱ、日本でいいや。

**先生**　まあ、そう早く決めることもないよ。いきなり定住というのではなく、若い頃に可能なかぎりいろいろなところに行ってみるというのなら、大いに勧めたいですね。直接行って、肌で感じてみなくてはわからないことってたくさんありますからね。

今日はここまでにしておきましょう。次回はいよいよ最終回ですね。

第9回目

# そもそも「法」ってなんだろう？

**先生**　前回は、法律やそれを決めて実行している国家が、私たちにとってどういう意義があるのかについて、基本的なことを話しました。今日は、そのつづきとして、法律を運用する実際面、ことに裁判の話を中心にしたいと思います。

　みなさんがまだ習っていないことなので、また少し基礎的なことを説明します。退屈かもしれませんが、我慢してください。

　これまで無《む》造作《ぞうさ》に「法」という言葉と「法律」という言葉とを分けずにごちゃごちゃにして使ってきました。法という言葉は、ふつう法律とだいたい同じ意味で使われています。

　しかし厳密にいうと、法と法律とは意味がちがいます。法律は法の一種ですが、法には、

法律ではないものもあります。例の不等式のやり方でいけば、「法律∧法」ということになります。

法というのは、強制力をもった社会の決まり一般を指します。では、法のうち、法律ではないものにはどんなものがあるかというと、国が定めているものとしては、「憲法」や「命令」「規則」などがありますが、地方自治体には、「条例」というのがあります。また、企業などでは、会社ごとに「定款《ていかん》」というむずかしい言葉で呼ばれる決まりがあって、これも法の一種と考えられます。

しかしいまここで指摘しておきたい重要なポイントは、国が決めている「憲法」と「法律」のちがいについてです。

日本の憲法は、「最高法規」と呼ばれていて、法律によって変えることができません。国会議員の三分の二以上の賛成によって国民にたいして発議《はつぎ》されて、さらに国民投票で過半数の賛成を得なくてはならないのです。

逆に、国会で新しい法律をつくるときには、憲法に反するようなものをつくってはいけないことになっています。またすでにできあがっている法律でも、それが憲法に違反していないかどうか疑うことができます。これが制度としてはっきりうたわれているものに、前回あげた裁判所の「違憲立法審査権《いけんりつぽうしんさけん》」があります。

「憲法」と「法律」とは、かたちのうえでは、こういう上下関係があるのですが、もっと大事なのは、これらを定めているその基本目的や、動機、精神といったものがたがいにちがっているということです。

**憲法の目的は、主として、統治機構が、権力を振るって国民一人ひとりの生命や財産を侵害しないように、統治機構そのもののあり方や、国民にどんな権利が保障されているかをあらかじめ定めるところにあります。**

もちろんそれだけではなく、国民の義務も定めてあります。また、民間同士の争いなどがあったときに、どちらかが個人の権利を侵害していないかどうかを判断する基本的な尺度としても使われます。しかしそのいちばんの眼目は、政治権力の横暴《おうぼう》を防ぐ歯止めであるというところにあります。

これにたいして、**法律は、国民同士のいざこざを裁くためのルール**です。それは、国民の一部や組織の一部が他の国民の権利を侵害した疑いがあったときとか、たがいにケンカになって収《おさ》まらないときなどに、どうやってそれを処理するかということを、たいへん具体的に細かく定めたマニュアルブックと言ってもいいでしょう。

# 裁判について考えてみよう

**先生**　私たちの日常生活にとって大事な法律は「民法《みんぽう》」と「刑法《けいほう》」です。

民法は、私たちの所有権のあり方や、結婚離婚、子どもの出生、死亡、財産の管理や遺産相続などにかかわる身分関係のあり方について規定した法律です。簡単に言えば、ケンカがあったときにどういう成敗《せいばい》のしかたをするかについて決めた法律ですね。

たとえば、人の土地を勝手に使って店を開いているじゃないかとか、商取引で支払うはずの金を約束の期日までに払ってくれないじゃないかとか、離婚した夫婦のどちらに子どもの親権《しんけん》が属するかというような争いを裁くための規則です。

また、刑法は、犯罪行為の疑いがある人を裁くための法律です。さらに、会社経営などにかかわっている人にとって大事なのは「商法」です。このほか重要なものとしては、裁判を行なう手続きについて定めた「民事《みんじ》訴訟法《そしょうほう》」「刑事《けいじ》訴訟法《そしょうほう》」というのがあり、「憲法」と合わせると計六つになるので、これらをまとめて「六法《ろっぽう》」と言っています。

行政や民間の社会的な営みは、ふだんこれらの法律にのっとって行なわれなくてはなりません。また、ある個人や団体の行為が法律に違反している疑いが浮かびあがったときに、それは「係争《けいそう》」、つまり一種の争いのかたちをとります。そのときにその行為が法律に違反していないかどうかを調べるのは、裁判を通してですね。

裁判には、ケンカ、つまり民間人同士の紛争《ふんそう》を裁く「民事訴訟」と、犯罪の疑いがある人を裁く「刑事訴訟」とがあります（このほか、国や地方自治体にたいして訴えをおこす「行政訴訟《ぎょうせいそしょう》」というのもあります）。どちらも訴える人と訴えられる人とがいて、前者を原告《げんこく》、後者を被告《ひこく》と言います。

原告と被告の間に裁判官が立って、両者立ち会いのもとで慎重な審理《しんり》が行なわれ、その結果として、判決が下ります。このようなしくみを「対審構造《たいしんこうぞう》」と言います。そしていまの日本では、公開が原則です。だれでも傍聴《ぼうちょう》できるということですね。

なお、民事訴訟では、当事者同士が原告と被告になりますが、刑事訴訟では事情が異なります。

刑事訴訟は、だいたいの場合、まず犯罪の疑いがある人（被疑者《ひぎしゃ》）を警察がつかまえます。警察で取り調べがすむと、検察庁という役所に書類が送られます。検察庁がそれを調べた結果、裁判に訴えるべきだと認めたときにはじめて裁判が成りたちます。これを「起訴《きそ》」と言います。つまり刑事訴訟の場合は、原告は検察庁ということになりますから、いわば特定の国家機関が個人にたいして訴訟を起こすかたちをとります。もし検察庁が起訴に値しないと判断した場合は、不起訴処分と言って、刑事訴訟は成立しません。

裁判が行なわれるときには、民事訴訟の場合は、原告・被告双方が代理人を立てることができます。また、刑事訴訟の場合は、被告は弁護人を立てることができます。これらは、ふつう、法律の専門家である弁護士が請《う》け負《お》うことになっています。
　また刑事訴訟では、被告が経済的その他の理由で弁護人を立てることができないときは、国選《こくせん》弁護人といって、裁判所が弁護人を立てなくてはならないことになっています。
　これは、まだ罪を犯しているかどうかはっきりしていない被告の人権を守るために非常に大切な決まりです。無実かもしれない個人、しかも法律のことなどあまり知らないたった一人の人を、専門的な国家公務員が取り囲んで裁くんですからね。

**沙織**　よくアメリカ映画なんかでさ、あれなんて言うの、智子。十人くらいのふつうの人が横のほうに座ってて……。

**智子**　陪審員《ばいしんいん》。

**沙織**　そう、それ。そいで弁護士がその前で被告は無罪だとかいっしょうけんめい演説してるのあるじゃん。あれってカッコよくない？

**康介**　有罪か無罪か陪審員が決めるんだろ。だけどあれって法律のシロウトじゃん。シロウトが決めちゃっていいのかな？

**先生**　それもむずかしい問題ですね。アメリカの場合、市民はみんな平等に共同社会の構成メンバーだという理念がとても強いんですね。それと、人を裁くことは、本当は神しかできないんだ、だから一人の裁判官が裁くのじゃなくて、できるだけ多くの人の考えを反映させるべきだっていう宗教的な背景もあると思います。

　ああいう経験を一般の市民が積むことは、ふつうの人が公民《こうみん》としての意識を高めるという点ではとてもいいことなのですが、でも実際には、康介君が言ったように、問題点も多いですね。知識不足や偏見《へんけん》が決めてしまう危険もありますからね。

　もちろん、専門家がやったからといって、偏見から免《まぬが》れるという保証はありません。ただ、やはりその可能性はいくらか低いと思います。

**徹**　アメリカの陪審員制度の場合、判事には有罪か無罪かを決める権限はないんですか？もしそれだと、判事って、ただの議長みたいですけど。

**先生**　有罪か無罪かを決める権限はありませんが、有罪の場合に、どれくらいの刑かを決める「量刑《りょうけい》」の権限があります。それが法律の専門家の役割というわけですね。

　じつは、もうすぐ日本でも「裁判員制度」と言って、陪審員制度と同じようなかたちを導入することが決まっています。議論をじゅうぶん尽くさないで見切り発車してしまった気味があるので、ちょっと心配です。私の考えでは、日本にいまあれをもちこんでも、国民の意識とか文化的な背景がちがうので、あまり適合しないように思いますけどね。

この話も議論していくといろいろと興味深いのですが、きりがないので省きましょう。

**徹**　もう一つ、いいですか。さっき、不起訴処分についての説明がありましたけど、検察庁はどんな場合に不起訴処分にするんですか。

**先生**　まず犯罪が成立すると見なされるための原則には三つあります。第一にそれらしき行為があったこと、次に、その行為が法律に照《て》らして違法であると判断されること、それから被疑者が罪を負うだけの責任能力を有すること、です。この三つのうちどの一つも成りたたないと考えられる場合には、不起訴になります。

でも、裁判にもちこまれそうな実際の事件では、この三原則がだれが見てもクリアーに成りたつということは少なくて、だからこそ、裁判で争うことになるわけですね。

検察庁が起訴にもちこむかどうかを決めるためには、個々のケースでいろいろなことを調べてみなくてはなりません。たとえば証拠がじゅうぶんかどうか、犯行時の被疑者の精神状態がどうだったか、故意《こい》か過失《かしつ》かどうか、正当防衛《せいとうぼうえい》ではないか、やってしまったことの重さ軽さ、被疑者が成年に達しているかどうか、犯行に及ぶに至ったその人をめぐるさまざまな環境条件や犯行時の背景（「情状《じょうじょう》」と言います）、これまでの類似の裁判でどういう判決が出されてきたか（「判例《はんれい》」と言います）など。これらを総合的に調べたうえで判断します。

こういう総合的な判断の結果、検察側がこの裁判は勝ち目がないと踏めば、不起訴にするわけです。でも、これもいつも純正な判断かというと、必ずしもそうでもなくて、最近では、検察は起訴した事件の成績を上げるために不起訴を増やしているのではないかという疑問の声もあがっているようです。

**徹**　えっ、どういうことですか？

**先生**　「社会的正義」の観点からは起訴すべきなのに、裁判では勝ち目がなさそうに思える事件を不起訴にすれば、その分だけ、起訴した事件全体のうちで検察側が勝訴する割合が高くなる理屈でしょう。そうすれば検察の手柄《てがら》として記録されることになりますよね。

**徹**　ああ、なるほど。いろいろあるんですね。それから、犯行時の精神状態っていうのはどういうことですか？

**先生**　それは、刑法三九条に、「心神喪失《しんしんそうしつ》及び心神耗弱《しんしんこうじゃく》」という規定があって、犯行時に精神機能の障害のために是非《ぜひ》の判断がまったくできなかったときは、責任能力なしとして無罪、ほとんどできなかったときは刑が軽くなるんです。

**亮太**　すっげえ残虐《ざんぎゃく》なしかたで殺した場合でも？

**智子**　子どもを何人も殺した場合でもですか？

**先生**　原則としてはそうです。でも、そういうのは重大事件ですよね。ですから、検察庁では、心神喪失がはっきりしている場合以外は当然起訴して、裁判で争うことになります。

**康介**　なんかやったときに、頭がおかしかったかおかしくなかったかなんて、どうやって判断すんのかな。

**先生**　じつはそれがとてもむずかしい。法廷での大きな争点になることがしばしばです。検察側も弁護側も裁判所も、精神科医などの専門家に鑑定《かんてい》してもらい、それを資料にして判断するんですが、いろいろちがう結果が出てきて紛糾《ふんきゅう》することがけっこう多いんです。なにしろ時間がたってますし、裁判の関係者が現場にいたわけじゃないからね。

でも弁護側としては、犯行の事実がはっきりしている場合には、この心神喪失と心神耗弱の規定を武器にして被告の立場を救おうとするのが有力な手法の一つです。

**沙織**　だけどさぁ、その、刑法何条だっけ。それって、ちょっとおかしくない？　殺された遺族《いぞく》の身になってみたら、殺されたことには変わりないわけでしょ？　やりきれないじゃん。あたしだったら許せねえな。

**先生**　たしかにそういった声も一部にかなり強くあって、三九条を廃止《はいし》しろという意見もあります。しかしこの議論は、どちらにも理があって、なかなか決着がつかないんですよ。

**徹**　それと、是非の判断がつかない状態だからこそ、常識では考えられない残虐なことを平気でやっちゃうっていう考え方もできますよね。そうすると、異常な犯行であればあるほどかえって無罪になるということになりませんか。

**先生**　その可能性なきにしもあらずです。だからそういうとんでもない犯行だと思えるときには、裁判官も、現実には遺族感情や国民世論を背景に意識しながら判決を下さざるをえないと思いますね。

実際、弁護側から心神喪失を根拠に無罪の主張が出されていても、「被告はこれこれこういう名前の精神障害だったが、心神喪失や心神耗弱とは言えず、じゅうぶん是非の判断がつく状態だった」というような理由をつけて、厳罰《げんばつ》に処《しょ》することもあります。

法律はしょせんマニュアルブックですから、現実に適用するときには、いろいろと運用の幅《はば》があります。その点、裁判所も苦慮《くりょ》しているんですね。また、冤罪《えんざい》事件ではなくても、ある判決がおかしいという批判を受ける例も数多くあります。

**智子**　先生は三九条をどうすればいいという考えですか。

**先生**　いやぁ、これはたいへんな問題なので、軽々しくは言えないですね。でも、まるきり廃止してしまうのはどうかな。やっぱりいろいろなケースを考えると、被告本人に責任能力があるかないかという判断基準を法律に残しておくことは必要だと思います。

ですから、廃止せずにそのまま残すいっぽうで、残虐な事件や幼い子どもを殺した事件に対処する場合には、遺族感情や国民世論を論理としてうまくくみあげた法律を新しくつくってはどうかな、と考えています。そして実際の裁判では、両方をよくにらみながら、個々のケースに即したバランスある運用をしていくという以外に言いようがないですね。これからの知恵の絞《しぼ》りどころです。

## 少年法について知っておこう

**先生**　さて、法についてのいままでの話は、みなさんが成人と認められてから重要な意味をもつことになるのでしょうが、早くから概略だけは知っておいたほうがいいと思って話しました。

でも、現在のみなさんにとって大事なものをこれまでの話につけ加える必要があります。それは、「少年法」についてです。この法律では、**二十歳未満は「少年」と呼ばれて成人とは区別された扱いを受けます**。

いま、たまたま話が精神障害と犯罪の関係に及んだのですが、「少年法」の問題もこれによく似たところがあります。

まず、前にもちょっと触れましたが、刑法四一条では、「十四歳に満たない者の行為は、罰しない」とあって、十三歳以下なら原則的には何をやっても法律上の罪に問われないことになっています。

**亮太**　すっげえ残酷《ざんこく》な殺人とかやっても？

**康介**　おんなしこと聞いてるじゃん。

**先生**　そうです。ただし、そのまま放免《ほうめん》するというわけではありませんよ。「少年法」の規定によると、知事か児童相談所長からの指示で家庭裁判所に送られて、処遇《しょぐう》が決められます。重い場合は、「児童自立支援施設」というところに送られます。これはまあ、少年院の年少版みたいなものですね。

**亮太**　少年院は何歳からなの？

**先生**　十四歳以上です。

**亮太**　少年院て、刑務所みたいなところでしょ。

**康介**　やけに興味もつじゃん。亮太、なんかヤバいことやってんじゃねえの。

**亮太**　るせえ。おまえこそ気をつけろ。

**先生**　まあ、刑務所みたいなものだね。私も処遇の実態はよく知りませんが、生活規律を徹底させるという意味で、かなり厳しいらしいよ。また少年院にも、犯罪の軽重《けいちょう》や特性にしたがって四つの種類がありますが、細かいことは省きましょう。

ただ、家庭裁判所に送られたらすぐに少年院に送られるかというと、そんなことはありませんよ。あと二つあって、一つは、「保護観察所の保護観察に付すること」、もう一つは、「児童自立支援施設または児童養護《ようご》施設に送致《そうち》すること」となっています。保護観察処分がいちばん軽い処分ですね。身柄《みがら》を拘束《こうそく》されずに、期限を切ってその後の生活行動を定期的にチェックされるわけです。「マジメにやってるか」というやつですね。

もちろん、無罪釈放《しゃくほう》という裁定《さいてい》もありえますよ。また逆に殺人などの重い罪に相当すると考えられる場合には、家裁から検察庁に送られることもあります。ことに、十六歳以上であれば、その可能性が高くなります。もっと厳しい取り調べを受けるわけですね。

ところで、ここではっきりさせておきたいのは、「少年法」の基本精神が「刑法」とは異なるという点です。

未成年は成人とちがって社会的に未熟ですし、その将来がとても大切です。そして、まだ人格が確立していないから、保護と指導しだいでよいほうに変わる可能性があるという考え方を重視します。そこで彼らが法に触れる行為をしたときには、懲《こ》らしめを重んじるよりも、性格を矯正《きょうせい》するとか悪い環境から保護するという観点を重んじることになります。

そうすると、教育的な意味あいが強いので、いっけん大人に適用される刑法よりもこの法律のほうがゆるいように思えますが、かえってきつい面も出てきます。たとえば親の監《かん》督《とく》に従わなかったり、家出を繰り返したり、いかがわしい場所に出入りしたり、暴力団員とつきあったりしていると、それだけで補導されて家裁送りになる可能性があるんですね。もちろん、前に話した「援助交際」などもその対象になりますよ。

それからもう一つ、**少年法では、刑法との関連で十八歳未満と十八歳以上とを区別しています**。十八歳未満だと、死刑に値するような罪では、無期懲役《むきちょうえき》に、また無期刑に値するような罪では、十年以上十五年以下の懲役または禁固《きんこ》刑に緩和《かんわ》することになっています。逆に言えば、**犯行時十八歳以上になっていれば、大人と同じ刑を受ける可能性がある**ということですね。

**康介**　懲役と禁固ってどうちがうんすか。

**先生**　懲役というのは、罰として強制的に働かせる刑です。禁固は、ただ監獄《かんごく》に閉じこめておく刑です。

**亮太**　それって、どういうときは懲役にして、どういうときは禁固にすんの？

**先生**　これはだいたい、反乱を企《くわだ》てた政治犯とか、交通事故で人を殺してしまったというような重大な過失犯だと禁固刑にされ、ふつうの犯罪だと懲役刑になるというのが慣例のようです。禁固刑の対象になる罪は、懲役刑になる罪にくらべて、ハレンチ度が低いというのが伝統的な考え方だったらしい。でも最近では、この区別は必要ないんじゃないかという意見が多く出されているそうです。

**徹**　家庭裁判所では、地方裁判所なんかと同じように、少年相手に裁判をやるんですか。

**先生**　いいえ。家裁では「審判《しんぱん》」と言って、基本的には裁判官だけが裁定《さいてい》することになっています。つまり、いまの「少年法」の規定では、原則として、さっき話した検事と弁護士が被告を対象に公開の法廷でやりとりして、裁判官が間に立って判決を下すという「対審構造」を取っていません。まあ、密室のなかで処分が決められるということですね。これもやはり少年の将来を考えたうえでの規定でしょう。

**亮太**　すっげえ残酷な殺しとかやっても？

**康介**　またおんなしこと聞いてやがんの。

**沙織**　あたしも、亮太の感じ、わかるよ。被害者の立場になったら、どう裁かれるのか知りたいじゃん。レイプとかされたら、アッタマくるぜ。そういうのやるやつ、十八歳とか十九歳とかけっこう多いんじゃないの。

**先生**　じつは少年の「審判」制度にはそういう問題点があるということがずっと議論されてきて、ここ何年かの法改正で、その点を配慮するようになりました。重い犯罪の場合は、さっき言ったように検察庁に送られますし、検察官も審判にかかわることができます。そのかわり、弁護士が被疑者本人の付添人《つきそいにん》としてかかわることになっています。「対審構造」に近くなってきたのですね。

それから、被害者や被害者の遺族などが審理の記録を閲覧《えつらん》したりコピーしたりできるようになりました。ただし、いまのところ審判そのものが非公開であることは変わっていません。だから被害者や被害者の遺族が審判に同席することはできないんです。この点、なかなかむずかしいところですね。

**徹**　少年法は、二十歳未満に適用されるんですよね。なのに、十八歳と十九歳で殺人とか重い罪を犯すと刑法と同じ扱いを受ける、と。しかも、公開の「裁判」にはならずに非公開の「審判」で裁定される。なんか、ややこしくて頭がこんがらがってきますね。

**亜弥**　それで思い出したけどさ、ちょっと犯罪と関係ないんだけどぉ、結婚できるのは、女は十六歳以上なのに男は十八歳以上じゃない？　これってなんでだかよくわかんないんだけど。

**先生**　いま二人があげた問題は、一言でいえば、時代の移りゆきに、法律の改革がすぐにはついてゆけないというタイムラグ（時間のずれ）の問題でしょう。

徹君の疑問については、私も同じことを感じます。前に、援助交際の話をしたとき、どこで大人と認められるかは、生物的条件と社会的条件の二つがあって、両者は文明が進むほど時間の開きが出てくるという話をしましたね。このギャップを法的にすっきりさせることもなかなかむずかしい問題なので、かろうじてつじつま合わせをやっているという感じですね。

ほかにも「児童福祉法」などでは、十八歳未満を「児童」と規定していて、どこからが大人かという認識のうえでは少年法との間にずれがあります。保護の必要という点では、十八歳未満でじゅうぶんだけれど、重い罪を裁くという点では、十八歳と十九歳は大人並みということでしょうね。

**徹**　でも、「裁判」にはしないんでしょう?

**先生**　原則としてはその通りですね。でも重大犯罪で、犯行時には十九歳だったけれど、裁かれるときには二十歳を超えていたので、裁判になった例も過去にはあります。

**徹**　先生はそのへんのややこしさをどうすればいいと思いますか。ややこしいままのほうがかえっていいいんですか?

**先生**　私は、亜弥さんの疑問も含めて、法的な意味での子どもと大人の境目を十八歳で統一したほうがいいという考えです。犯罪や結婚のほかに参政権《さんせいけん》などもね。

なぜそう思うのかは、ただ法律上すっきりするからという理由だけではなく、学齢との関連なども含めていろいろあります。簡単に言えば、みなさんに一気に「大人」としての自覚を与える効果があると思うからです。ことに犯罪の場合には、さっき沙織さんも言ってたけど、十八歳以上を大人として扱うべきでしょうね。

結婚年齢の問題も、民法が定められたときには、男女格差が習慣上自然に思われていたのですが、いまでは、あまり意味がなくなりましたね。

**智子**　昔はどうして男女格差が自然に思われていたんですか？

**先生**　さあ、私もたしかなことは言えません。おそらく昔は、「男の子」が一人前の「男」になるには、いろいろな社会的条件を身につける必要があると考えられていたのに、「女の子」が一人前の「女」として認められるためには、性的な成熟だけでじゅうぶんだという考えが支配的だったからじゃないかな。

みなさん方を見ていても、同年齢だと、日常生活での振る舞いなどでは、なんとなく女の子のほうが大人になるのが早いという感じはしますね。だから、この男女格差も、まったく根拠がないとは言いきれないかもしれません。

**亮太**　沙織、オレとか康介って、やっぱ、幼稚？

**沙織**　ふふ……。

**先生**　それから沙織さんがさっきレイプの例をあげたのでつけ加えておきます。強姦《ごうかん》や強制わいせつの場合、「親告罪《しんこくざい》」と言って、現行犯でつかまった場合以外は、犯人が一人だったら、**被害者自らが告訴しないかぎり、検察官が起訴することはできない**ことになっています。この点、とくに女子はよく知っておいたほうがいいですよ。

**智子**　どうしてですか？　それもなんか納得いかないな。

**先生**　それはね、ちょっと言いにくいですが、性的な行為というものの性格によっています。性的な行為はふつう二人だけで人目をはばかって行なわれますね。そうすると、合意のうえか一方が他方に強制したかは、たがいの心情的な納得の問題ですから、思惑《おもわく》の食いちがいが起こりやすいということです。

一般に、行為の証拠というものは残りやすいですが、心情の証拠というものは残らないのがふつうでしょう。殺人や窃盗《せっとう》や傷害なら、発覚した現場の状況証拠や物的証拠があることが多いし、容疑者の足取りを追いかけて捜査することが可能です。しかし性的な行為の場合は、物的に「犯罪」としての証拠が残ることは少ないし、身体に明確な痕跡を残さない場合もあるので、それがむずかしいですね。

もちろん、見知らぬ男にいきなり物陰に連れこまれて暴行されたなどという場合は論外《ろんがい》ですよ。でも、たがいによく知っていてお酒の勢いで、などという例がけっこう多いのです。そういう場合、合意か強制かを第三者が客観的に証明することはきわめて困難です。だから検察庁では、被害者の訴えをまず受けて、そのうえでその訴えに対応して取り調べるという手順をとらざるをえないのです。

**徹**　それって、民事訴訟に近い感じですか？

**先生**　訴訟の順序としてはそういうことになるかな。しかし、犯罪であることが明らかな場合には、二年以上、十五年以下の有期懲役という非常に重い罪になります。これは当然ですね。

ところが、いま言ったように、これを法廷で争うことになると、証拠の確定がむずかしいので、犯された被害者自身が恥を忍んで微《び》に入り細《さい》をうがった取り調べを受けなくてはならなくなります。このことによって、かえって深い心の傷を負ってしまうというのもよくあることで、訴える人はよほどの覚悟と勇気と忍耐力が必要です。ですから、残念ながら泣き寝入りをしてしまうケースもけっこうあるようですね。

**智子**　うーん、なんかやっぱし納得いかない！

**先生**　だから、前にも言ったように、女性はくれぐれも浮わついた気持ちをもたないようにすることが大切で、男もそんな疑いをもたれないように、あくまで紳士的に振る舞う心構えが大事なのです。

**亮太**　なんか、女の子とつきあうのって、めんどくさいっすね。

**康介**　こっちがその気でも、向こうがその気かどうか、よくわかんねえもんな。亮太、女の恨《うら》みは恐ろしいから気をつけろよ。

**亮太**　おまえこそ気をつけろ。

**先生**　たしかにそういう面倒くさいところが男女関係にはあるでしょうね。でもどうかな。私もえらそうに恋の駆け引きについて先輩づらをする資格はありませんが、生身《なまみ》のかかわりを通して少しずつ心のつかみ方を学習していく以外ないんじゃないの。前に男の責任について強調しましたね。相手の心のあり方をよく想像して、その人格をつねに尊重するという原則さえ崩さなければ、恨みを買うことはないんじゃないですか。

さてさて、この最後の授業も時間がありませんね。いまの政治制度の問題点とか、こういうときはどういう処分を受けるかとか、現行法をめぐって論議されている点など、いろいろと説明しておいたほうがよいことが山ほどあるのですが、もうくわしく話す余裕がありません。

前回と今回の話でみなさんに少しでもわかってほしかったのは、第一に、**法があることが、私たちみんなが共存していくうえでいかに大切なものであるか**ということ、しかし第二に、法は運用しだいでよい結果も悪い結果も生む可能性があるので、**法が万能であるなどと過信してはいけない**こと、そして、第三に、以上二つのまとめとして、**ある法が、大多数の人の観点から見て不適切と思えるときには、それを変えていくことができるし、また変えていく努力をすべきだ**ということ、です。

以上、九回にわたって「倫理」の授業をしてきました。話が入りくんでいてわかりにくいところがあっただろうと思います。でも、ある一人の人間の考えにたいしては、よくわからないところや違和感《いわかん》が残って当然です。そういう感想を抱いた人は、ぜひその感想を大事にとっておいて、これからの生き方のなかで各自嚙《か》みしめてみてください。私に感想を送ってもらってもけっこうです。

私も、中学生のみなさんを相手にこういう試みをするのははじめてだったので、最初はうまくできるかどうかとても不安でした。でも、やってみて、みなさんが思ったよりは食いついてきてくれましたし、私自身、みなさんの反応に触発《しょくはつ》されて、自分の考えを新しく発展させることもできたように思います。

また同じような機会に恵まれるかもしれませんが、その折りにはどうぞよろしく。

長い間つきあってくれて、どうもありがとう。

**みんな**　どうもありがとうございます。

## あとがきにかえて──著者からのメッセージ

倫理や道徳についてふだん自分が考えていることをわかりやすく書いてみたい、と前から思っていました。それには私なりの動機が二つほどあります。

いまの日本は豊かさと平和がつづき、戦争や貧困の記憶を忘れかけてしまった人、はじめからそういう経験をもたずに生まれ育ってきた人が大多数を占めるようになっています。そうすると、たいてい次のようなことになります。

まず、これまでの厳しい道徳が必要とされなくなってくるために、若い人たちの振るまいが、年輩《ねんぱい》の人たちにはともすれば眉《まゆ》をひそめさせるようなものと映り、一部の人たちに古い道徳の復活を唱える傾向が目立ちはじめます。また、自由が当たり前の感覚になるために、どうしてそのような自由が享受《きょうじゅ》できているのかがぴんとこなくなり、かえって「自分」をどう活かしてよいのかわからずに悩む人たちがたくさん出てきます。

このように、豊かで平和な社会では、そこに特有の新しい問題が生じ、その問題をめぐって混乱した議論が続けられます。

私は、基本的には、豊かで自由で寛容な社会のあり方が大事だと思っていますので、古い道徳で縛《しば》りをきつくさせようとする考え方に賛成できません。しかし一方では、許された自由をよいことに、「本当の私はどこにいるのか」といった問いをただいつまでもむなしく追い求める生き方もあまりよくないと思います。

人生は限られているのですから、いま私たちに求められているのは、それぞれの人がなるべく早い時期に、社会と具体的につながるような指針を手にすることです。そのためには、善悪とか、働くとか、人づきあいとか、ルールといったテーマがどういう意味をもつのかをあらためて問い直してみる必要があります。そう思ってこの本を書きました。

もう一つの動機は、次のようなことです。

この本に書かれたような問題は、すでに多くの先人《せんじん》たちがさんざん頭を悩ませながら挑戦してきた問題です。ところがあまりにそうしたやりとりが歴史的に積み重ねられてきたために、使う言葉がとても難しくなってしまいました。その結果、残念なことに、あれは自分には関係ない人たちがやっているのだという感覚が広がってしまったのです。

でも本当はそんなことはないのです。西洋哲学の元祖《がんそ》プラトンは、だれの人生にとってとても大切な問題をだれにでもわかるような言葉で深く突きつめています。それはできるはずだ、少しでもそれをやってみたい、そう私は考えました。実際にどこまでできているかは、私自身おぼつかないところもありますので、読者諸氏のご判断にお任せします。

この本では、「倫理」の先生が中学三年生に向かって語りかけるというかたちをとっていますす。しかし、そのために内容の水準を落とすというようなことはしなかったつもりです。著者としては、大人の読者の方もそれぞれの生き方とのかかわりで関心をもたれた場合には、ぜひ手に取ってみてくださることを願ってやみません。

なおこの本は、前著『正しい大人化計画』(ちくま新書)との関連のもとに書かれていますので、興味のある方は、そちらと合わせて読んでいただければ幸いです。

最後になりましたが、以上の目的を少しでも現実的なものにするために、あらかじめ原稿を読んで適切なアドバイスを与えてくださったIさんご一家、また私の意図を鋭く読みとって迅速《じんそく》な編集作業を成しとげてくださった当間里江子さんほか、草思社のスタッフのみなさんに深く感謝の意を表します。

二〇〇五年二月二十四日

小浜逸郎

善悪ってなに？ 働くってどんなこと？



2005年３月31日　第１刷発行

著　者　小浜逸郎
装丁者　原　真澄
挿　画　北砂ヒツジ
発行者　木谷東男
発行所　株式会社　草思社
〒151-0051　東京都渋谷区千駄ヶ谷2-33-8
電話　営業 03(3470)6565　編集 03(3470)6566
振替　00170-9-23552
印　刷　錦明印刷株式会社
製　本　株式会社坂田製本
ISBN4-7942-1393-X
Printed in Japan